Der Krieg zur See
1939 - 1945

Am 25. August 1939 lief das deutsche Linienschiff *Schleswig-Holstein* in den Hafen der damals Freien Stadt Danzig ein. Die Einwohner ahnten nicht, daß dieser von ihnen begrüßte „friedliche" Besuch den Zweiten Weltkrieg einleiten sollte. Denn unter Deck des Schiffes verborgen waren deutsche Soldaten, die in der Nacht zum 1. September von Bord gingen, um die von der Artillerie der *Schleswig-Holstein* unter Feuer genommene polnische Westerplatte zu erobern (siehe Seite 13).

Jürgen Rohwer

Der Krieg zur See 1939 - 1945

Urbes

Idee, Konzeption und Redaktion Clas Broder Hansen

Bildrecherche und Bildauswahl Clas Broder Hansen, Hans Jürgen Hansen und Jürgen Rohwer

Für freundliche Hilfe beim Zustandekommen des vorliegenden Werkes, insbesondere auch für Nachweis und Beschaffung von Abbildungen, sind Autor und Verlag zu Dank verpflichtet Dr. Dean Allard, Director des Center of Naval History in Washington, Kapitan 1. Ranga Igor Amosow vom Voenno Istoricheskij Institut in Moskau, Jim Andow von der Hulton Deutsch Collection in London, Horst Bredow vom Traditionsarchiv Unterseeboote in Cuxhaven-Altenbruch, Martina Caspers vom Bundesarchiv in Koblenz, Alice S. Creighton von der U.S. Naval Academy, Nimitz Library, in Annapolis, Margit Fieguth in Senden, C. R. Haberlein vom Center of Naval History in Washington, Prof. Dr. Kenneth Hagan von der U.S. Naval Academy, Nimitz Library, in Annapolis, Elaine Hart von der Picture Library, The Illustrated London News, in London, Meinhart Janßen von der Kameradschaft „Prinz Eugen" in Schortens, Contre Amiral Jean Kessler vom Service Historique de la Marine in Vincennes, Kapitän zur See a. D. Kurt Kroeger in Wilhelmhaven, Jennifer Lee von der Naval Institute Press in Annapolis, Pattay Maddocks vom U.S. Naval Institute, Photo Libraray, in Annapolis, Philippe Masson vom Service Historique de la Marine in Vincennes, Helga Müller vom Bildarchiv J. K. Piekalkewicz in Rösrath-Hoffnungsthal, Otto H. Nachtigall in Dortmund, Flottillenadmiral Niemann von der Marineschule Mürwik in Flensburg, Prof. Dr. Tadeusz Panecki vom Wojskowy Institut Historyezny in Warschau, David Perry vom Imperial War Museum in London, Frau Pfeffer vom Bundesarchiv in Koblenz, Dr. Robert Scheina, Senior Historian von der U.S. Coast Guard in Washington, Eberhard Schmidt vom Wehrgeschichtlichen Ausbildungszentrum der Marineschule Mürwik in Flensburg, Jürgen Schneider von den Watermill-Films in München, Dr. Cornelis Schulten, Directeur des Rijksinsitut voor Oorlogsdocumentatie in Amsterdam, Contrammiraglio Renato Sicurezza, Capo di Ufficio Storico della Marine Militaria in Rom, Dr. Peter Simkins vom Imperial War Museum in London, Brig. Gen. (USMC, Ret.) Edwin Simmons, Direktor des Historical Center and Museum des U.S. Marine Corps in Washington, Regina Strother vom Historical Center des U.S. Marine Corps in Washington, Jim Sutton von der Naval Institute Press in Annapolis, Peter Tamm in Hamburg, Rear Admiral (Ret.) Prof. Dr. Saburo Toyama in Yokohama, Dr. Trumpf vom Bundesarchiv in Koblenz, H. A. Vadnais jr., Head Curator des Naval Historical Center in Washington, Mr. Williams vom Imperial War Museum in London und Dr. Robert Wolfe von den U.S. National Archives in Washington.

Vorlagen für die Abbildungen lieferten: das Bildarchiv Janusz Piekalkiewicz, der Bilderdienst der Süddeutschen Zeitung, das Bundesarchiv Koblenz, ECPA photo cinéma vidéo des armées, die Fototeca US in Rom, die Historische Sammlung der Marineschule Mürwik, die Illustrated London News, das Imperial War Museum, Kapitän zur See a. D. Kurt Kroeger, das Musée de la Marine, National Archives Photographic Services, der National Archives Trust Fund, die Nimitz Libraray der U.S. Naval Academy, Sammlung Peter Tamm, Skzuo Fukui Tokio, der Ullstein Bilderdienst, die U.S. Coast Guard, die Photo Archives des U.S. Naval Instituts, das Traditionsarchiv Unterseeboote, der WZ-Bilderdienst sowie das Marine-Archiv der Bibliothek für Zeitgeschichte in Stuttgart und das Archiv des Urbes Verlages.

Satz: Lichtsatz Imken, W-2900 Oldenburg.
Reproduktionen: PHG Lithos, W-8033 Martinsried;
Röla, W-2000 Hamburg.
Druck und Einband: Neue Stalling GmbH & Co KG,
W-2900 Oldenburg.
ISBN 3-924896-28-3

Vorwort

Bei einem Gespräch in der Stuttgarter Bibliothek für Zeitgeschichte über gemeinsame Publikationen unter Nutzung des umfangreichen dortigen Marine-Photoarchivs faßten Verleger und Autor den Plan für eine jetzt mögliche neue, großzügig illustrierte Geschichte des Zweiten Weltkrieges zur See. Denn der nach dem Öffnen von Archiven in den letzten Jahren besonders durch nun zugängliches Material, Dokumenten wie Bildern, aus dem ehemaligen Ostblock wesentlich erweiterte Wissensstand ließ ein solches Unternehmen wünschenswert, ja notwendig erscheinen.

Wichtigste Grundlage konnten die eigenen Arbeiten des Autors sein, die kürzlich in seiner zusammen mit Gerhard Hümmelchen auf englisch im Londoner Verlag Greenhill und in der US Naval Institute Press publizierten *Chronology of the War at Sea 1939–1945* mit einer auf neuestem Stand der internationalen Forschung basierenden Fülle von Namen, Daten und Fakten ihren Niederschlag fanden.

Als Historiker war der Autor bestebt, dem Leser und Betrachter der Bilder den Zusammenhang des Geschehens in Ost- und Nordsee, in der Arktis, im Mittelmeer, im Atlantik, im Indischen Ozean und im Pazifik zu schildern, von den Überlegungen und Entscheidungen in den obersten Führungsgremien über die technischen Voraussetzungen bis zu den Kampfhandlungen selbst, auch in ihren Konsequenzen für die beteiligten Menschen.

Es handelt sich um die Darstellung von Ereignissen, die jetzt ein halbes Jahrhundert zurückliegen. Die Zahl derer, die sie erlebt, oder genauer gesagt, überlebt haben, schwindet. Es wird nicht lange dauern, da niemand mehr aus eigener Erfahrung weiß, wie der bisher schrecklichste Krieg der Geschichte wirklich gewesen ist. Zu versuchen, den Nachlebenden und damit auch künftigen Historikern eine noch annähernde Vorstellung davon zu geben, wie er sich auf See abgespielt hat, wurde Anliegen dieses Buches. Autor und Verleger waren beide Teilnehmer dieses Seekrieges und haben als ganz junge Leute Szenen erlebt, wie sie nirgendwo im Bilde festgehalten werden konnten. Denn in den Momenten, da es um Leben und Tod ging, hat kaum jemand eine Kamera in die Hand genommen. Im übrigen war es der Presse und den Kinowochenschauen (Fernsehen gab es noch nicht) verboten, tote deutsche Soldaten zu zeigen. Daher sind sie wenig photographiert worden, und folglich fehlen solche Bilder, die die brutale Realität des Krieges zeigen, heute in den Archiven. Platz für die mit Orden dekorierten erfolgreichen Flugzeugabschießer und Schiffsversenker, die ja wie alle Soldaten gezwungenermaßen potentielle Täter und Opfer zugleich waren, gab es dagegen genug in Presse und Wochenschau.

Um so mehr haben sich deshalb Autor und Verleger als einstige Tatzeugen bemüht, in allen einst am Seekrieg beteiligten Ländern die relativ raren Bilder aufzuspüren, die einen möglichst wahrheitsgetreuen Eindruck von den Geschehnissen vermitteln. Verzichtet wurde jedoch weitgehend auf solche Aufnahmen, denen noch ihr einstiger Zweck zur Heroisierung und Propaganda in eigener Sache anzusehen ist und die nichts weniger bewirken als eine Bagatellisierung von Grauen, Tod und Elend, die der Krieg bedeutet hat.

Das Zustandekommen des Buches ist nur möglich gewesen durch die bereitwillige Hilfe von Personen in vielen Teilen der Welt, die auf der gegenüberliegenden Seite genannt sind und denen Autor und Verleger aufrichtigen Dank schulden.

Stuttgart, im Oktober 1992

Prof. Dr. Jürgen Rohwer

Rüstungswettlauf zur See
1922 – 1939/41

Mit dem Ende des Ersten Weltkrieges waren drei der acht großen Seemächte aus dem Ringen um eine globale oder regionale Vormachtstellung zur See ausgeschieden. Der Zerfall Österreich-Ungarns führte zur Aufteilung dieser multinationalen Flotte unter die Siegermächte des Krieges, die aber nur wenige Schiffe in ihre Flotten übernahmen und den Rest verschrotten ließen. Die russischen Flotten in der Ostsee und im Schwarzen Meer wurden in den Wirren des Bürgerkrieges und der alliierten Interventionen auf einen Minimalstand zurückgeworfen. Die deutsche Marine, deren modernste Schiffe sich in Scapa Flow selbst versenkt hatten, mußte die verbliebenen neueren Schiffe gleichfalls ausliefern. Im Vertrag von Versailles wurde ihr nur ein Bestand von 6 veralteten Linienschiffen und 6 alten Kreuzern (plus je zwei als Reserve), je 12 kleinen Zerstörern und Torpedobooten (plus je 4 als Reserve) belassen. Der Besitz und der Bau von U-Booten und Flugzeugen war ihr verboten. Neubauten waren strikten Begrenzungen bei der Tonnage, der Bewaffnung und den Inbaugabe-Terminen unterworfen. Als schwerwiegendste Begrenzung war die Personalstärke auf 15 000 Mann festgesetzt.

Auch die Siegermächte standen vor schwerwiegenden Problemen. Frankreich und Italien waren durch den Krieg wirtschaftlich derartig geschwächt, daß sie den während des Krieges eingestellten Bau von Schlachtschiffen und Kreuzern vorerst nicht wieder aufnehmen konnten und ihre noch in den Werften liegenden und die geplant gewesenen Neubauten aufgeben mußten. Und Großbritannien hatte sich in der zweiten Phase des Krieges auf den Bau von leichten Einheiten zur Bekämpfung der deutschen U-Boote und den Bau von Handelsschiffen zum Ausgleich für die Verluste konzentrieren müssen und deshalb keine neuen Großkampfschiffe mehr auf Stapel legen können.

Günstiger waren die beiden außereuropäischen Seemächte dran, die vom Krieg weniger betroffen waren und seit 1916 unter Nutzung der Kriegserfahrungen mit großen Neubauprogrammen begonnen hatten. Die USA, die ihr Programm von 1916 mit 16 Großkampfschiffen und 10 Kreuzern zurückgestellt hatten, um Zerstörer und Handelsschiffe zu bauen, begannen 1920 mit der forcierten Verwirklichung des Programms. Und Japan, das sich dadurch bedroht fühlte, setzte ihm sein 8:8-Programm entgegen, das bis 1928 zu den vorhandenen Schiffen je 8 weitere Super-Schlachtschiffe und Schlachtkreuzer bereitstellen sollte.

Doch 1920/21 drangen öffentliche Meinung und Parlamente in vielen Ländern angesichts der Belastungen zur Überwindung der Kriegsfolgen auf die Reduzierung der Rüstungsausgaben. So fand die Initiative des neuen US-Außenministers Charles E. Hughes, eine Konferenz zur Begrenzung der Seerüstungen nach Washington einzuberufen, breite Zustimmung. Nach intensiven Verhandlungen kam es am 6. Februar 1922 zur Unterzeichnung der Abkommen. Neben der Garantie der Besitzstände im Pazifik und der Aufhebung des britisch-japanischen Bündnisses im Viermächte- und der Anerkennung der Unabhängigkeit Chinas im Neunmächte-Abkommen wurde in dem Flotten-Abkommen zwischen Großbritannien, den USA, Japan, Frankreich und Italien ein Stärkeverhältnis von 5:5:3:1,75:1,75 festgelegt. Die Schlachtschiff-Tonnage der Mächte wurde auf je 525 000 ts für Großbritannien und die USA, 315 000 ts für Japan und je 175 000 ts für Frankreich und Italien begrenzt. Ersatzbauten durften erst nach zwanzig Jahren begonnen werden, nicht größer als 35 000 ts und mit maximal 40,6-cm-Geschützen bewaffnet sein. Zum Ausgleich für den technischen Rückstand der älteren britischen zu den neuen amerikanischen und japanischen Einheiten durfte Großbritannien zwei neue Schlachtschiffe bauen.

Flugzeugträger wurden auf 27 000 ts und 20,3-cm-Geschütze begrenzt. Je zwei der abzuwrackenden Schlachtkreuzer-Neubauten der USA und Japans konnten zu Flugzeugträgern umgebaut werden. Großbritannien hatte keine solchen Schiffe im Bau und mußte sich mit dem Umbau seiner „Großen Leichten Kreuzer" begnügen.

Tatsächlich wurden durch Einsparungsmaßnahmen und als Folge des Washingtoner Abkommens an Vor-„Dreadnought"-Linienschiffen und größeren Panzerkreuzern von Großbritannien 46, von USA 23, von Japan 9, von Frankreich 13 und von Italien 9 Schiffe ausrangiert, bei den „Dreadnoughts" und Schlachtkreuzern waren die Zahlen 18 für Großbritannien und je 3 für die USA und Japan. Von den in Bau befindlichen Super-Schlachtschiffen wurden in den USA 11 und in Japan 4 abgebrochen, während je zwei weitere zu Flugzeugträgern umgebaut wurden. Großbritannien verzichtete auf den Bau von 4 Schlachtkreuzern, Japan auf den Bau von 8 weiteren geplanten Schiffen, Frankreich und Italien gaben den Weiterbau der je 4 stillgelegten Schlachtschiffe auf, Frankreich stellte jedoch ein weiteres Schiff als Flugzeugträger fertig.

Wenn auch der Bau neuer Schlachtschiffe durch den Vertrag unterbunden war, so verlagerte sich der Wettlauf nach kurzer Zeit auf den Bau von Kreuzern, deren Größe man auf 10 000 ts und 20,3-cm-Geschütze begrenzt hatte. So wurde bald der Wunsch nach weitergehenden Abkommen zur Begrenzung der Seerüstungen laut. Erste Verhandlungen in Genf scheiterten, weil es zwischen Großbritannien und den USA zu Auseinandersetzungen über die Größe und Zahl der Kreuzer kam. Japan drängte auf eine Heraufsetzung seiner Quote von 60 auf 70 %. Frankreich und Italien waren mit ihrer Gleichstellung auf einem Niveau von 35 % nicht zufrieden. Und Frankreich versagte sich einem britischen Wunsch nach Verbot der U-Boote.

Das Londoner Abkommen vom 22. April 1930, dem Frankreich und Italien nicht beitraten, begrenzte die Zahl der Schlachtschiffe für Großbritannien und die USA auf 15, für Japan auf 9 und verlängerte die Baupause bis 1936. Bei den Kreuzern wurde durch eine Unterteilung in Schwere und Leichte Kreuzer, die sich durch ein

Geschützkaliber von über oder unter 15,5 cm unterschieden, ein Kompromiß gefunden, der den USA 18, Großbritannien 15 und Japan 12 Einheiten erlaubte. Bei den Leichten Kreuzern war ein Ausgleich vorgesehen. Die Tonnage und Größe der Zerstörer und U-Boote wurden begrenzt, der Bau von Flugzeugträgern unter 10 000 ts verboten. Keinen Begrenzungen unterlagen Fahrzeuge von weniger als 600 ts und Schiffe bis 2000 ts, wenn sie keine Geschütze über 15,5 cm oder nicht mehr als vier 7,6 cm, keine Torpedorohre und eine Geschwindigkeit bis 20 kn besaßen.

Der Versuch, die Aufweichung der Rüstungsbegrenzung zur See durch einen weiteren Londoner Vertrag aufzuhalten, scheiterte. Das am 25. März 1936 von Großbritannien, den USA und Frankreich unterzeichnete Abkommen fand nur noch qualitative Begrenzungen für die Größe und die Geschützkaliber der definierten Kriegsschiffkategorien, verzichtete jedoch auf Tonnagerelationen zwischen den Mächten. Großbritannien bemühte sich, weitere Mächte durch bilaterale Abkommen zu binden. Ein Vertrag mit Deutschland von 1935 legte dessen Flottenstärke auf 35 % der britischen fest, ein weiteres versuchte 1937 die Sowjetunion an die Begriffsbestimmungen zu binden. Aber ohne Japan und Italien und mit den Gleitklauseln in den Verträgen war die maritime Rüstungsbegrenzung zu einer Farce geworden. Ein neuer Rüstungswettlauf zur See hatte begonnen.

Einer der Auslöser des neuen Wettrüstens war die Inbaugabe des deutschen Panzerschiffs *Deutschland,* das die oben wiedergegebene Aufnahme von 1932 während der Ausrüstung in Kiel zeigt. Dieser Schiffstyp sprengte die Kategorien der Abkommen von Washington und London und veranlaßte Frankreich zur Inbaugabe eines schnellen Schlachtschiffs, worauf Italien mit dem ersten neuen 35 000-ts-Schlachtschiff antwortete. Das Ausbrechen Deutschlands aus den Versailler Begrenzungen und Japans und Italiens aus den Flottenverträgen, in Verbindung mit der aggressiven Politik dieser Staaten, zwang die USA, Großbritannien und Frankreich zu neuen, in Aktion und Reaktion eskalierenden Flottenbauprogrammen. Und die Sowjetunion, die sich zuerst von England und dann von Japan und Deutschland bedroht fühlte, wurde sich im Spanischen Bürgerkrieg ihrer Schwäche zur See bewußt und begann ebenfalls mit einem gewaltigen Ausbau ihrer Seemacht.

Die in Washington festgelegte Größenbegrenzung für die Kreuzer richtete sich an dem 1922 größten neuen Kreuzertyp aus, der britischen *Hawkins*-Klasse, die mit einer Standard-Verdrängung von 9550 bis 9860 ts knapp unter 10 000 ts lag und mit 19-cm-Geschützen bewaffnet war, doch bestimmte man in Washington das international gebräuchlichere 20,3-cm-Kaliber als Höchstgrenze der Kreuzerbewaffnung.

Mit dem Bauverbot für Schlachtschiffe bis 1936 verlagerte sich die Konkurrenz im Kriegsschiffbau auf diesen „Washington"-Kreuzer. Er kam den amerikanischen und japanischen Wünschen nach großen Kreuzern mit transpazifischer Seeausdauer entgegen, während Großbritannien für seine Empire- und Handelsschutz-Verpflichtungen an einer möglichst großen Zahl von kleineren Kreuzern, die sich auf ein weltumspannendes Stützpunktnetz verlassen konnten, interessiert war.

1924 bis 1926 gingen alle fünf großen Seemächte zum Bau von Serien dieser 10 000-ts-„Washington"-Kreuzer über: Bis 1927/28 gab Großbritannien 13 Schiffe seiner „County"-Klasse in Bau, in den USA waren es zunächst 8 Schiffe der *Pensacola*- und *Northampton*-Klassen, denen dann 1930/31 noch 9 weitere und 1935 ein letzter 10 000-ts-Kreuzer folgten. Die Abbildung unten zeigt die *Louisville* der *Northampton*-Klasse im Ausbau 1930, im Hintergrund den Flugzeugträger *Lexington*. In Japan baute man nach 4 kleineren 20,3-cm-Kreuzern 8 Schiffe der *Nachi*- und *Takao*-Klassen, und in Frankreich und Italien legte man je 7 dieser ab 1930 Schwere Kreuzer genannten Einheiten auf Stapel.

Mit der Begrenzung dieser 10 000-ts-Kreuzer in London 1930 verlagerte sich der Kreuzer-Bau auf Schiffe mit 15,5- oder 15,2-cm-Geschützen, die aber meist kaum kleiner als die Schweren Kreuzer waren. Den japanischen *Mogami*'s folgten die britischen *Southampton*'s und die amerikanischen *Brooklyn*'s mit 9000 bis 10 000 ts und zwölf oder fünfzehn 15,2-cm-Geschützen. Frankreich und Italien spezialisierten sich auf kleinere, schnellere Einheiten, denen auch die vertragsgebundenen deutschen Kreuzer-Neubauten entsprachen. Eine 1936 beschlossene Tonnagebegrenzung auf 8000 ts wurde meist umgangen.

In Washington war den Seemächten die Modernisierung der älteren Schlachtschiffe erlaubt worden, wobei die Verdrängung der Schiffe durch den Anbau von Seitenwulsten, Verstärkung der Panzerung und Verbesserung der Antriebsanlagen um 3000 ts erhöht werden konnte. Das führte in allen Marinen zu umfangreichen Umbauten, die bei einigen der Schiffe fast einem Neubau gleichkamen. Vor allem Japan suchte seine zahlenmäßige Unterlegenheit durch eine intensive Verbesserung des Panzerschutzes, der Reichweite der schweren Artillerie und eine Erhöhung der Geschwindigkeit auszugleichen.

Während sich bei den französischen Einheiten umfassendere Modernisierungen nicht mehr lohnten, begannen die Amerikaner nach begrenzten Arbeiten an den älteren Schiffen um 1930 mit grundlegenderen Umbauten wie bei der *New Mexico*-Klasse zur Verbesserung des Unterwasserschutzes, der Antriebsanlagen und des Panzerschutzes. In Großbritannien versuchte man zunächst, die in der Skagerrakschlacht zutagegetretenen Mängel zu beheben, ehe man 1934 mit dem weitgehenderen Umbau der *Warspite*, die das Bild oben in der Werft zeigt, begann, bei dem vor allem der Horizontalschutz und die Luftabwehr verbessert wurden. Ehe die Schwesterschiffe fertig wurden, begann der Krieg.

Die in den Flottenverträgen nicht vorgesehenen deutschen Panzerschiffe, die mit ihren 28-cm-Geschützen den „Washington"-Kreuzern überlegen waren, lösten den Bau von schnellen „Anti-Panzerschiffen" aus. Frankreich, das ab 1927 Ersatz-Schlachtschiffe bauen durfte, begann 1931 mit der *Dunkerque* von 26 500 ts, 29,5 kn und acht 33-cm-Geschützen, nach dem Muster der britischen *Nelson* in zwei Türmen auf dem Vorschiff. Auf dem Bild links oben ist das Schwesterschiff *Strasbourg* im Bau. Deutschland konstruierte daraufhin seine geplanten 20 000-ts-Panzerschiffe zu den schnellen Schlachtschiffen *Scharnhorst* und *Gneisenau* von 32 100 ts, 31 kn und neun 28 cm um.

In der Sowjetunion, wo man seit Mitte der dreißiger Jahre Pläne für einen „Washington-Kreuzer-Jäger" von 23 000 ts mit 25,4-cm-Geschützen entworfen hatte, ging man als Antwort auf die *Scharnhorst* 1937 zur Konstruktion eines Schlachtkreuzers von 35 240 ts, 32 kn und neun 30,5-cm-Geschützen über, von dem bis 1945 nicht weniger als 15 Einheiten gebaut werden sollten. Das Bild links unten zeigt das zweite Schiff *Sevastopol* 1941 auf der Helling in Nikolajew. In Deutschland wurden 1939 die im Z-Plan zunächst vorgesehenen 12 Panzerschiffe von 22 145 ts durch 3 Schlachtkreuzer von 28 900 ts ersetzt, die 33,5 kn laufen und mit sechs 38-cm-Geschützen bewaffnet werden sollten. Während diese Schiffe im September 1939 annulliert wurden, führte ein deutsch-sowjetischer Vertrag 1940 zur Umkonstruktion der schon begonnenen sowjetischen Schlachtkreuzer auf deutsche 38-cm-Türme und deutsche Feuerleitanlagen. In den USA plante man 1940 sechs Schlachtkreuzer vom Typ *Alaska* (29 000 ts), und in Japan gab es entsprechende Entwürfe.

Der Bau von Zerstörern, der bis 1930 vor allem in Frankreich, Italien und Japan in zwei parallelen Serien von großen, bis 2400 ts und kleineren, etwa 1300 ts verdrängenden Einheiten betrieben worden war, wurde nach 1930 in Großbritannien, den USA, Japan und der Sowjetunion stark forciert, während Frankreich, Italien und Deutschland neben großen Zerstörern auch kleinere Torpedoboote von rund 1000 ts in Auftrag gaben.

Frankreich versuchte in den zwanziger Jahren, seine Schwäche bei den Überwasserschiffen durch eine starke U-Boot-Waffe mit großen Hochsee-Booten auszugleichen. Zu ihnen gehörte die auf dem Bild unten während des Stapellaufs am 14. 10. 1932 abgebildete *Le Centaure*. Japan und die USA begannen, große U-Boote für den Einsatz mit der Flotte zu bauen, Großbritannien baute „Patrol-Boote“ als Ersatz für die Schlachtflotte im Fernen Osten. Nach 1930 forcierte neben Italien und Deutschland vor allem die Sowjetunion den U-Boot-Bau. Das Bild rechts zeigt das erste sowjetische Schwarzmeer-Boot *D-4* zu Besuch in Istanbul am 18. Oktober 1933.

Trotz der neuen Kampfmittel U-Boot und Flugzeug blieben die Schlachtschiffe bis zum Zweiten Weltkrieg der Kern der Flotten und Gradmesser für den Rang der Seemacht. Frankreich und Italien waren in Washington ab 1927 je 70 000 ts an Ersatzbauten für ihre veralteten Schlachtschiffe zugestanden worden. In Italien verwarf man Pläne für drei Schiffe von 23 000 ts als unzulänglich und entschloß sich, die vier alten *Conte di Cavour*'s zu modernen leichten Schlachtschiffen umzubauen und auf die französische *Dunkerque* 1934 mit zwei Schiffen von 35 000 ts zu antworten. Eins von ihnen war die unten während der Ausrüstung 1939 gezeigte *Vittorio Veneto*. 1935 begann der Bau von 35 000-ts-Schlachtschiffen sich rasant zu steigern, wobei die Tonnage schon vor der Erhöhung der Grenze auf 45 000 ts im Jahr 1938 meist überschritten wurde: Frankreich gab 1935 und 1938 je zwei *Richelieu*'s (38 500 ts) in Auftrag, worauf Italien 1938 zwei weitere *Vittorio*'s (41 200 ts) folgen ließ. Deutschland gab 1935 zwei *Bismarck*'s (41 700 ts) in Bau, Großbritannien 1936/37 fünf *King George V*'s (38 000 ts) und die USA 1937/38 zwei *North Carolina*'s und vier *South Dakota*'s (je 38 000 ts). Das aus den Verträgen ausgeschiedene Japan gab 1937 und 1939 vier *Yamato*'s (65 000 ts) in Bau, die Sowjetunion plante 1938 nicht weniger als 15 *Sovetskij Sojuz*'s (59 150 ts), von denen die ersten drei begonnen wurden. Großbritannien orderte 1938/39 vier *Lion*'s (40 000 ts), die USA 1939/40 sechs *Iowa*'s (48 500 ts) und 1940 noch fünf *Montana*'s (60 500 ts), während der deutsche Z-Plan 6 Schiffe *H* bis *N* (52 600 ts) vorsah. Nur 4 der *Iowa*'s wurden fertig, die anderen aufgegeben.

Flugzeugträger wurden dagegen bis zum Kriegsausbruch nur in begrenzter Zahl in Auftrag gegeben: In Großbritannien 8, in den USA 4, in Japan 5, in Frankreich 2 und in Deutschland 2.

Die deutschen Offensiven

1. September 1939 – 30. Juni 1940

Am 1. September 1939 um 4.45 Uhr begann der deutsche Angriff auf Polen, mit dem Hitler seinen Eroberungskrieg „zur Gewinnung von Lebensraum" entfesselte. Er sollte sich zu einem sechs Jahre dauernden Weltkrieg ausweiten, in dem mehr als 55 Millionen Menschen ihr Leben lassen mußten.

Das Bild oben zeigt das sechs Tage zuvor zu einem „Freundschaftsbesuch" eingelaufene deutsche Linienschiff *Schleswig-Holstein* (siehe Seite 2), mit seinen 28-cm-Türmen in Danzig-Neufahrwasser auf die vorgelagerte befestigte polnische Westerplatte feuernd. Es waren die ersten Schüsse des Krieges, und sie bedeuteten zugleich den Beginn des Seekrieges, der am Ende auf allen Weltmeeren stattfand. Sieben Tage lang schlugen die polnischen Verteidiger der Westerplatte die massiven deutschen Angriffe ab.

Schon am 30. August waren die drei fahrbereiten polnischen Zerstörer nach England ausgelaufen, und die fünf U-Boote nahmen ihre Positionen vor der Danziger Bucht ein. Ihre Angriffsversuche gegen die anfangs recht starken deutschen Streitkräfte schlugen ebenso fehl wie die U-Boot-Jagd der deutschen Zerstörer, Minensuchboote und U-Boote. Die in den Häfen von Gdingen und Hela liegenden polnischen Kriegs- und Handelsschiffe wurden jedoch von den deutschen Kampf- und Sturzkampfflugzeugen zerbombt. Während die moderneren deutschen Schiffe und U-Boote schon bald nach Westen abgezogen wurden, unterstützten die beiden alten Linienschiffe und die Minensucher mit ihrer Artillerie die Heerestruppen, die von Danzig aus gegen Gdingen und auf die Halbinsel Hela vorzudringen suchten. Erst am 1. Oktober trat dabei der einzige Schiffsverlust ein, als das Minensuchboot *M 85* vor Heisternest auf eine polnische U-Boot-Mine lief. Bei dem Untergang fanden 24 Besatzungsangehörige den Tod. Von den polnischen U-Booten liefen drei in der zweiten Septemberhälfte nach Aufbrauch ihrer Vorräte schwedische Häfen an und ließen sich internieren. Zwei brachen nach England durch.

Der Kampf um Polen sollte im gleichen Gebiet sein Ende finden, von dem aus fünfeinhalb Jahre später die letzten fahrbereiten deutschen Zerstörer, Torpedoboote und Schnellboote am Tage der deutschen Kapitulation noch 43 000 Menschen evakuierten: auf der der Danziger Bucht vorgelagerten Halbinsel Hela. Nachdem die Verteidiger der Westerplatte am 7. September 1939 ihren Widerstand einstellen mußten und, wie das Bild oben zeigt, in Gefangenschaft gingen, ergaben sich 4000 Mann auf Hela erst am 1. Oktober, als eine der letzten noch kämpfenden polnischen Truppen.

Polen wurde zwischen Deutschland und der Sowjetunion, deren Truppen am 17. September in Ostpolen einmarschiert waren, aufgeteilt. An der nun einzigen Landfront standen im Westen seit deren Kriegserklärung am 3. September Briten und Franzosen den Deutschen gegenüber, ohne nennenswerte Kampfhandlungen im sogenannten „Sitzkrieg", der sieben Monate dauern sollte.

Auf See gab es dagegen keine Ruhe. Der Schwerpunkt verlagerte sich auf den Minenkrieg. Im September legten deutsche Kreuzer, Minenschiffe, Zerstörer und Torpedoboote das defensive Sperrsystem „Westwall" zur Sicherung der Deutschen Bucht. Nach der Auslegung dichter Minensperren in der Dover-Straße erklärte die britische Admiralität einen Streifen vor der Ostküste zum Minenwarngebiet, um die eigene Schiffahrt zu schützen. Von Oktober 1939 bis Februar 1940 legten deutsche Zerstörer in sieben offensiven Unternehmungen unter der englischen Ostküste zahlreiche Minen, ergänzt durch von U-Booten gelegte Sperren und Minenwürfe der Luftwaffe. Drei britische Zerstörer und 82 Handelsschiffe wurden Opfer dieser Minen. Beim Ausweichen vor eigenen Fliegerbomben liefen zwei deutsche Zerstörer auf in den Auslaufweg gelegte britische Minen und sanken mit 590 Mann. Das Bild rechts zeigt ein mit Minen beladenes deutsches Torpedoboot.

Während der sieben Monate des „Sitzkrieges“ führten beide Seiten Handelskrieg nach Prisenordnung. Deutsche Zerstörer und Torpedoboote kontrollierten ab Mitte September 1939 die neutrale Schiffahrt im Kattegat und Skagerrak. Bis zum 3. Oktober hielten sie 130 Schiffe an und brachten 21 davon als Prisen auf. Ab Anfang Oktober wurden in der Ostsee Minenschiffe und Vorpostenboote zur Kontrolle des Handelsverkehrs eingesetzt und brachten bis Ende Oktober 127 Schiffe nach Kiel und Swinemünde. Das Bild links oben zeigt ein Prisenkommando des deutschen Zerstörers *Hans Lody* zur Untersuchung des dänischen Dampfers *Aslaug* auf Bannware.

Die britische „Home Fleet“ führte im September mehrere Unternehmungen zur Jagd auf deutsche Blockadebrecher. Am 6. September richtete man zwischen Island und den Orkney-Inseln die „Northern Patrol“ gegen Blockadebrecher und zur Untersuchung neutraler Schiffe ein. Sie bestand zunächst aus älteren Kreuzern, später aus als Hilfskreuzer ausgerüsteten größeren Passagierschiffen, die in den stürmischen Gewässern eine bessere Seeausdauer besaßen. Sie fingen bis Ende Oktober 8 Blockadebrecher ab und stoppten 283 Handelsschiffe, von denen 71 nach Kirkwall auf den Orkneys eingebracht wurden. Auf dem Bild links unten liegen neutrale Handelsschiffe zur Kontrolle auf Konterbande in einem britischen Hafen.

Bei einem Vorstoß gegen die „Northern Patrol“ versenkten die deutschen Schlachtschiffe *Scharnhorst* und *Gneisenau* im November den Hilfskreuzer *Rawalpindi*.

Der britische Versuch, den deutschen Verkehr unter der norwegischen Küste und in der Deutschen Bucht mit U-Booten zu stören, wurde nach geringen Erfolgen im Januar 1940 abgebrochen, als deutsche Minensucher in wenigen Tagen drei der U-Boote versenkten.

Der durch den sowjetischen Angriff auf Finnland am 30. November 1939 ausgelöste „Winterkrieg“ lenkte die Aufmerksamkeit der Kriegführenden stärker auf Skandinavien. Der Überfall des britischen Zerstörers *Cossack* auf den deutschen Versorger *Altmark* im norwegischen Jössingfjord zur Befreiung von 303 gefangenen Seeleuten von Handelsschiffen, die das Panzerschiff *Admiral Graf Spee* versenkt hatte, forcierte deutsche Pläne zur Besetzung Norwegens. Um die kriegswichtigen deutschen Erz-Zufuhren aus Schweden von dem nordnorwegischen Hafen über See zu unterbinden, plante England Minenunternehmungen an der norwegischen Küste und die Anlandung von Truppen zur Verhinderung deutscher Landungen.

Am 7. April 1940 lief die gesamte einsatzbereite deutsche Flotte, in elf Gruppen gegliedert und mit Truppen an Bord, zur Eroberung Dänemarks und Norwegens aus. Nach Bodö und Kristiansund/Nord waren zu diesem Zeitpunkt die zum Minenlegen angesetzten britischen Zerstörer unterwegs. In schwerem Sturm hatte der Zerstörer *Glowworm* die Fühlung mit der Deckungsgruppe des Schlachtkreuzers *Renown* verloren und prallte auf die deutsche Trondheim-Gruppe. Nach heftigem Gefecht, bei dem beide Schiffe kollidierten, versenkte der Kreuzer *Admiral Hipper* die in Brand geschossene *Glowworm*, die das Bild oben zeigt. Auf deren Notsignal wurden von der inzwischen in See gegangenen „Home Fleet“ schnelle Schiffe zur *Renown* detachiert.

Ehe sie eintrafen, kam es am 9. April vor den Lofoten zu einem kurzen Gefecht zwischen der *Renown* und den dort zur Deckung der Narvik-Operation kreuzenden Schlachtschiffen *Scharnhorst* und *Gneisenau*, während 10 deutsche Zerstörer mit eingeschifften Gebirgsjägern Narvik einnehmen konnten.

Auch die Landungen der deutschen Truppen in Trondheim, Bergen, Kristiansand/Arendal, Egersund und in dänischen Häfen gelangen ohne nennenswerten Widerstand. Nur im Oslofjord wurde der neue Schwere Kreuzer *Blücher* durch Artillerie- und Torpedotreffer der norwegischen Küstenbatterie Oscarsborg an der Dröbaksenge versenkt. Dabei kamen 320 Seeleute und Soldaten zu Tode.

Am 10. April 1940 setzte die massive englische Gegenwehr ein: 5 Zerstörer überfielen im Morgengrauen und Schneetreiben den Hafen Narvik und richteten mit ihren Torpedos ein Chaos an (Bild oben). Am gleichen Tag griffen 15 britische Sturzbomber der Flottenluftwaffe den in Bergen liegenden Kreuzer *Königsberg* an und trafen ihn so schwer, daß er in Brand geriet und sank (Bild links). Erfolgreich waren auch die englischen U-Boote im Skagerrak, die neben Transportern am 11. April den Kreuzer *Karlsruhe* versenkten und das Panzerschiff *Lützow* schwer am Heck beschädigten, wie das untere Bild zeigt.

Am 13. April 1940 früh liefen das britische Schlachtschiff *Warspite* und 9 Zerstörer, unter ihnen die *Punjabi* und *Eskimo* (Bild links), bei Schneegestöber in den Ofotfjord ein und vernichteten die restlichen deutschen Zerstörer in Narvik. (Links unten die im Rombaksfjord auf Grund gesetzte *Bernd von Arnim.)*

Das Bild rechts zeigt deutsche Matrosen am Grab eines in Narvik gefallenen Kameraden. 435 Norweger, 321 Deutsche und 188 Briten haben die Seegefechte am 10. und 13. April nicht überlebt. Das Norwegenunternehmen insgesamt forderte 5300 deutsche Tote.

Ab 13. April liefen alliierte Konvois mit britischen Infanterie-Brigaden, französischen Alpenjägern und polnischen Truppen nach Norwegen aus, die in Namsos, Andalsnes und Harstad gelandet wurden. Auf dem Bild unten ist ein englischer Truppentransporter in französischem Geleit auf dem Anmarsch.

Ab 29. April 1940 mußten die Alliierten Andalsnes und Namsos unter Verlusten räumen. Aber der Kampf um das von Gebirgsjägern und Matrosen der gesunkenen deutschen Zerstörer verteidigte Narvik ging unter schwersten Wetterbedingungen weiter. Immer wieder drangen britische und polnische Schiffe in die Fjorde ein, beschossen die Stadt und landeten Truppen. Das Bild links oben zeigt den britischen Kreuzer *Vindictive* im Bombenhagel deutscher Flugzeuge im Ofotfjord. Das am 28. Mai eroberte Narvik konnten die Alliierten jedoch nicht halten. Gegen ihre Räumungstransporte erzielte die deutsche Flotte (auf dem Bild oben *Gneisenau* vorn, *Scharnhorst* dahinter und *Admiral Hipper* rechts im Juni in Trondheim) Erfolge: Der Truppentransporter *Orama* (Bild links unten) und der Flugzeugträger *Glorious* mit zwei Zerstörern wurden versenkt.

Inzwischen hatte die deutsche Westoffensive Holland und Belgien zur Kapitulation gezwungen und um Dünkirchen die „British Expeditionary Force" und die Reste der französischen 1. Armee eingeschlossen. Vom 28. Mai bis 4. Juni 1940 evakuierten 848 alliierte Schiffe vom Zerstörer bis zum kleinen Motorboot in der Operation „Dynamo" 338 226 Mann unter den pausenlosen Angriffen der Luftwaffe nach England. (Bild links: Der am 30. Mai vor Nieuwpoort durch Artillerie zum Sinken gebrachte französische Zerstörer *Bourrasque,* Bild unten: Britische Zerstörer landen Evakuierte in Dover.) 30 000 Engländer und 50 000 Franzosen kamen um oder gerieten in Gefangenschaft.

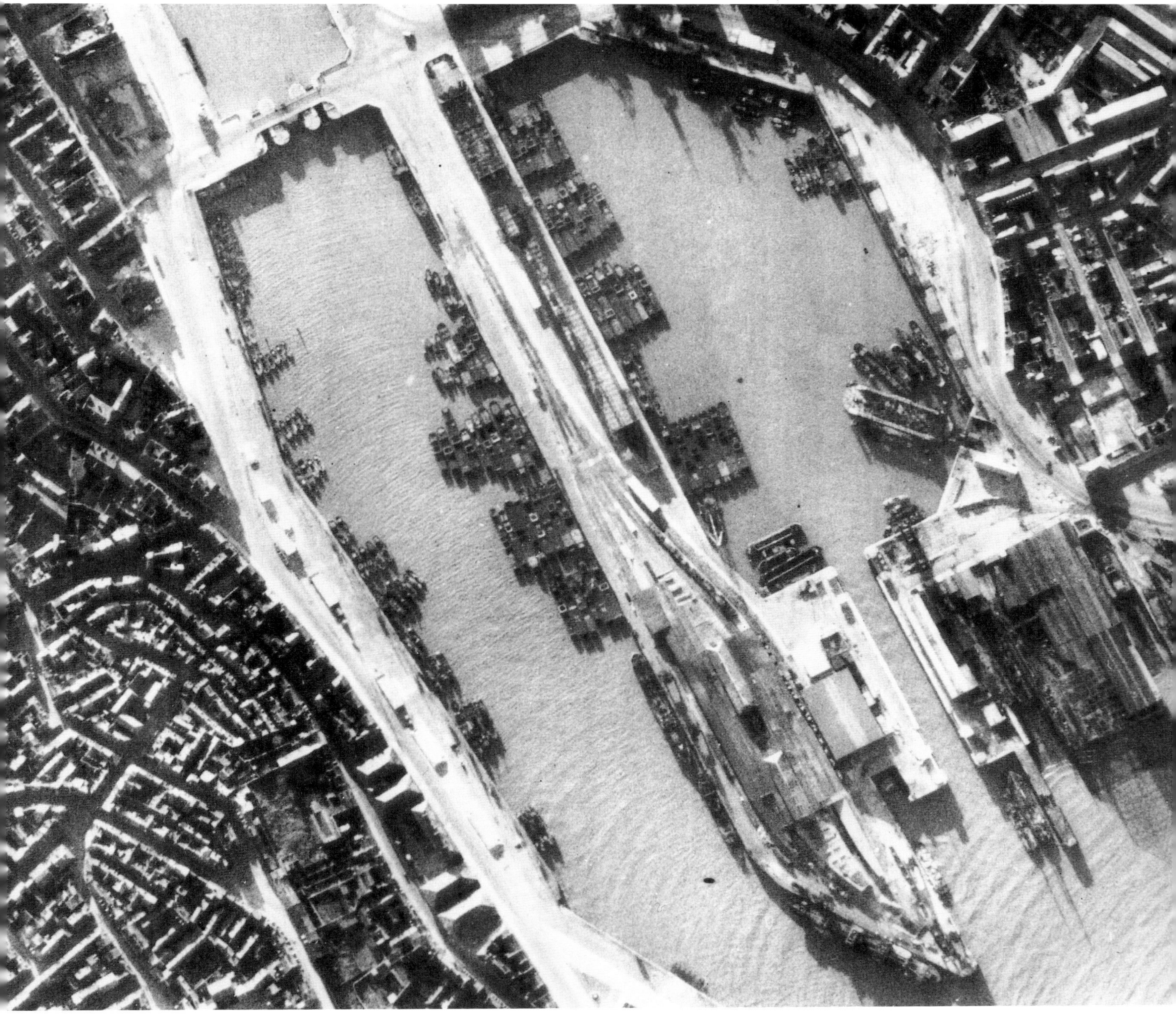

Erst nach dem am 25. Juni 1940 in Kraft getretenen Waffenstillstand mit Frankreich begannen in den deutschen Führungsstäben gründlichere Planungen für eine Invasion Englands, die Operation „Seelöwe". Während man sich im Juli über die vom Heer gewünschte, aber von der Marine nicht für möglich gehaltene Landung auf breiter Front auseinandersetzte, begannen Heerespioniere, Marine und Luftwaffe, mit größter Intensität aus Frachtern, Fischereifahrzeugen und vor allem aus Schleppern und Prähmen der Binnenschiffahrt die benötigten Landungsfahrzeuge zu improvisieren. Diese wurden im August in den Kanalhäfen konzentriert, wie es die Luftaufnahme oben mit „Seelöwe"-Prähmen im Hafen von Boulogne erkennen läßt. Britische Luftangriffe und Beschießungen von See her brachten Ausfälle und zwangen zu Auflockerungen. Entscheidend für die Absage der Landung im September 1940 war jedoch die Niederlage der Luftwaffe in der „Luftschlacht über England".

Schlacht im Atlantik I

1. September 1939 – 30. Juni 1940

Am 21. und 24. August 1939 hatte die deutsche Seekriegsleitung die Panzerschiffe *Admiral Graf Spee* und *Deutschland* mit ihren Versorgern *Altmark* und *Westerwald* auf Wartepositionen im Atlantik auslaufen lassen. Wegen der trotz der Kriegsserklärung vom 3. September zögernden Haltung Frankreichs und Englands wurden sie jedoch bis zum 26. September zurückgehalten. Am 30. September versenkten sie im Atlantik die ersten Schiffe, während 8 britisch-französische Kampfgruppen die Jagd aufnahmen.

Am 9. Oktober brachte die *Deutschland* den amerikanischen Frachter *City of Flint* auf (oben links von der *Deutschland* aus photographiert). Mit einer Prisenbesatzung sollte er über Murmansk nach Deutschland gehen, wurde aber von den Norwegern beschlagnahmt und zur Rückkehr freigegeben. Die *Graf Spee* versenkte inzwischen auf der Capetown-Freetown-Route vier Schiffe, ging dann in den Indischen Ozean und versenkte dort zwei weitere Schiffe, ehe sie in den Südatlantik zurückkehrte, sich versorgte und dort noch Schiffe versenkte.

Am 13. Dezember 1939 wurde die *Graf Spee* vor dem La Plata durch eine britische Kreuzer-Gruppe mit der *Exeter* (die das Bild oben, nach behelfsmäßig reparierten schweren Schäden jubelnd begrüßt, bei der Heimkehr zeigt), *Ajax* und *Achilles* gestellt. In dem Gefecht gab es auf den britischen Kreuzern 72 Tote, auf der *Graf Spee* 36. Die beschädigte *Graf Spee* lief das neutrale Montevideo an und wurde, da sie dort ihre Gefechtsfähigkeit nicht wiederherstellen konnte, am 17. Dezember im La Plata von der eigenen Besatzung gesprengt (Bild links).

Im Rahmen der abgeschlossenen Verträge räumte die Sowjetunion Deutschland in einer Bucht bei Murmansk die „Basis Nord" ein, die bis zum 18. September 1939 von 18 Handelsschiffen, welche die britische Blockade durchbrochen hatten, angelaufen wurde, darunter auch von dem aus New York unbemerkt von den Engländern durch die Dänemarkstraße gekommenen Schnelldampfer *Bremen*. Das Bild oben zeigt die Besatzung, an Deck die Nationalhymne singend, nach dem Ablegen in New York, das Bild rechts oben die Backbordbrückennock des Schiffes beim Einlaufen nach Murmansk. In Übersee fielen jedoch manche der deutschen Blockadebrecher den britischen und französischen Jagdgruppen zum Opfer, so die *Watussi*, die am 2. Dezember von einem südafrikanischen Flugzeug gemeldet und bei Annäherung des Kreuzers *Sussex* und des Schlachtkreuzers *Renown* von der Besatzung in Brand gesteckt und verlassen wurde (Bild links).

Die auf Weisung von Präsident Roosevelt eingerichtete „Neutralitätspatrouille" der US Navy überwachte ab 2. Oktober 1939 die „Panamerikanische Sicherheitszone" westlich 60° West und 300 Seemeilen vor Südamerika auf Handlungen der Kriegführenden und meldete sie über Funk. Die Operationen richteten sich in der Praxis gegen deutsche Schiffe. So wurde der Passagierdampfer *Columbus* von Vera Cruz bis westlich Florida von 10 sich paarweise ablösenden Zerstörern begleitet, ehe der Kreuzer *Tuscaloosa* am 19. Dezember mit seinen Signalen den britischen Zerstörer *Hyperion* heranführte. Die Besatzung der *Columbus* mußte ihr Schiff in Brand stecken und verlassen, wie das Bild unten zeigt. Etwa ein Jahr später erlitt der Frachter *Idarwald* vor Kuba das gleiche Schicksal und mußte sich bei der Annäherung des herangeführten britischen Kreuzers *Diomede* selbst versenken.

Schon am 19. August 1939 hatte die deutsche Seekriegsleitung 14 U-Boote in den Atlantik entsandt, um bei Kriegsbeginn Handelskrieg nach Prisenordnung aufnehmen zu können. Bereits am 3. September versenkte *U 30* den für einen Hilfskreuzer gehaltenen Passagierdampfer *Athenia*, wobei 112 der rund 1400 Passagiere umkamen, darunter 28 Amerikaner. Die Briten nahmen an, daß Deutschland schon uneingeschränkten U-Boot-Krieg führte, begannen Konvois vorzubereiten und bildeten Jagdgruppen mit Flugzeugträgern. Am 14. September wurde *U 39* nach einem fehlgeschlagenen Angriff auf den Flugzeugträger *Ark Royal* von den sichernden Zerstörern versenkt, aber am 17. September brachte *U 29* mit seinen Torpedos den Flugzeugträger *Courageous* zum Sinken (Bild rechts), was 514 Seeleute das Leben kostete.

Am 5. September begannen die U-Boote im Atlantik mit dem Handelskrieg nach Prisenordnung. Bis Anfang Oktober wurden 28 der angehaltenen Schiffe nach Prüfung der Papiere zur Prise erklärt, 3 von ihnen eingebracht und die anderen nach Ausschiffung der Besatzungen, die vielfach mit Kursanweisungen und Notverpflegung versehen wurden, versenkt. Ein typisches Beispiel war die Aufbringung des britischen Frachters *Royal Sceptre* am 5. September durch *U 48,* die ein Besatzungsangehöriger in den hier abgebildeten Photos festgehalten hat. Auf dem Bild rechts kommt ein Boot des Frachters mit seinen Papieren bei *U 48* längsseits, darunter wird der Dampfer mit Artillerie und Torpedo versenkt, und unten winkt die Handelsschiffsbesatzung im Rettungsboot zum Abschied.

In der Nordsee hatten währenddessen die kleinen U-Boote vom Typ II damit begonnen, in den Buchten und Flußmündungen der englischen Ostküste Magnetminen zu legen. Auch größere U-Boote wurden im Kanal und vor der Westküste zu solchen Minenunternehmungen eingesetzt, denen bis zum Juni 1940 42 Schiffe mit 157 760 BRT zum Opfer fielen.

Ähnlich wie im Ersten Weltkrieg die Versenkung von drei britischen Panzerkreuzern durch *U 9* sollte das Eindringen von *U 47* in den stark gesicherten britischen Hauptstützpunkt Scapa Flow und die Versenkung des Schlachtschiffes *Royal Oak* am 14. Oktober 1939 die Weltöffentlichkeit erregen. Sie erfuhr nichts von dem ersten, durch Torpedoversager fehlgeschlagenen Angriff. Bei der Rückkehr nach Wilhelmshaven wurde *U 47*, am Turm den „Stier von Scapa Flow", mit seinem Kommandanten Kapitänleutnant Prien von den Besatzungen der Kriegsschiffe (im Bild links mit dem Kreuzer *Emden*) begeistert begrüßt. Die „Home Fleet" mußte für einige Wochen nach Loch Ewe ausweichen, wo das Schlachtschiff *Nelson* auf eine von *U 31* gelegte Magnetmine lief und schwer beschädigt wurde. Auch der neue Kreuzer *Belfast* wurde durch eine Mine von *U 21* im Firth of Forth schwer beschädigt, während das Schlachtschiff *Barham* Ende Dezember vor den Hebriden von *U 30* torpediert und beschädigt wurde. 9 deutsche U-Boote mit 204 Mann gingen bis dahin verloren, 144 Mann gerieten in Gefangenschaft.

Zur Abwehr deutscher U-Boote begann die britische Admiralität, die Handelsschiffe zu bewaffnen. So zeigt das Bild oben, wie auf dem improvisierten Unterbau am Heck eines Frachters ein Seezielgeschütz montiert wird.

Die „Trade Division" der Admiralität übernahm die Kontrolle und Steuerung des Handelsschiffsverkehrs. Links im Bild gibt ein Offizier eines Zerstörers über Megaphon einem Handelsschiff Anweisungen. Zugleich erhielten die britischen Handelsschiffe Weisung, bei Sichtung eines U-Bootes über Funk eine „SSS"-Meldung abzugeben und zu versuchen, das U-Boot zu rammen. Für die U-Boote wurde die Anwendung der Prisenordnung immer schwieriger. Deshalb weitete man die zum warnungslosen Angriff freigegebenen Gebiete schrittweise aus.

Am 17. August 1940 erklärte Deutschland ein weites Gebiet um England zum „Operationsgebiet", in dem angetroffene Schiffe warnungslos versenkt würden.

Daraufhin begannen die Briten, den Schiffsverkehr immer mehr in Konvois zusammenzufassen. Das Bild unten zeigt die neue Korvette *Hibiscus* im Sommer 1940 bei der Sicherung eines Konvois. Wegen der Zurückhaltung der Zerstörer zur Abwehr der erwarteten deutschen Invasion waren die Konvois schwach gesichert. Auf Bitten Churchills überließ Roosevelt am 2. September 1940 im „Destroyer-Naval-Base-Deal" England im Tausch gegen Stützpunkte in der Karibik 50 alte Zerstörer, die ab Ende 1940 die Geleite verstärkten. Einer von ihnen war der jetzt kanadische Zerstörer *St. Croix* (ex USS *McCook*), der auf dem Bild rechts kurz nach der Übernahme zu sehen ist.

Schlacht im Atlantik II

1. Juli 1940 – 11. Dezember 1941

Mit der Eroberung Norwegens und der französischen Westküste gewann die deutsche Marine neue Stützpunkte. Als erstes U-Boot wurde am 7. Juli 1940 *U 30* von einem Räumboot vor Lorient aufgenommen und in den Hafen geleitet (Bild oben).

Brauchten die U-Boote bisher rund eine Woche, um aus der Deutschen Bucht in das Operationsgebiet westlich des Kanals oder der Biskaya zu gelangen, so dauerte der Marsch von den neuen Basen zu den sich nun vor dem Nordkanal bündelnden britischen Verkehrswegen kaum mehr als zwei Tage. Im August griffen die U-Boote – selten waren mehr als 10 gleichzeitig im Operationsgebiet – zahlreiche der noch schwach gesicherten Konvois an. Einzeln fahrende Handelsschiffe wurden immer seltener.

In diesen Wochen kam es auch zur ersten Fernunternehmung an die westafrikanische Küste. Das in Kiel im Bau befindliche und im September 1939 beschlagnahmte große türkische U-Boot *Batiray* lief als *UA* von Kiel aus, versenkte den von der deutschen Funkaufklärung erkannten Hilfskreuzer *Andania* der „Northern Patrol" und lief dann ins Gebiet der Cap Verden und bis Freetown. Auf dem Bild links sieht man *UA* bei der Versorgung und Torpedoübernahme von dem Hilfskreuzer *Pinguin* am 18. Juli 1940 im Mittelatlantik. Nach der Versenkung von 7 Schiffen mit 40 706 BRT kehrte *UA* nach einer 82tägigen Feindfahrt am 28. August nach Lorient zurück. Ihm folgte von Oktober bis Januar 1941 *U 65*, das 8 Schiffe mit 47 785 BRT versenkte und ein weiteres torpedierte.

Die U-Boot-Operationen wurden durch den deutschen Funk-Entzifferungsdienst, den xB-Dienst, unterstützt, dem es gelungen war, in die beiden britischen Marine-Funkschlüssel einzubrechen, die mit Zahlenwurmtafeln überschlüsselte Codebücher benutzten. Eine Änderung der Schlüsselunterlagen am 20. August unterbrach diesen Erfolg für einige Zeit.

Die geringe Zahl der U-Boote erschwerte die Erfassung der Konvois und die von der nach Kernevel bei Lorient verlegten Befehlsstelle über Funk geleiteten Operationen, deren Ziel es war, Gruppen von U-Booten an die Konvois heranzubringen. Bemühungen der Marine um die Bereitstellung von Fernaufklärungsflugzeugen durch die Luftwaffe hatten erst im Januar 1941 Erfolg.

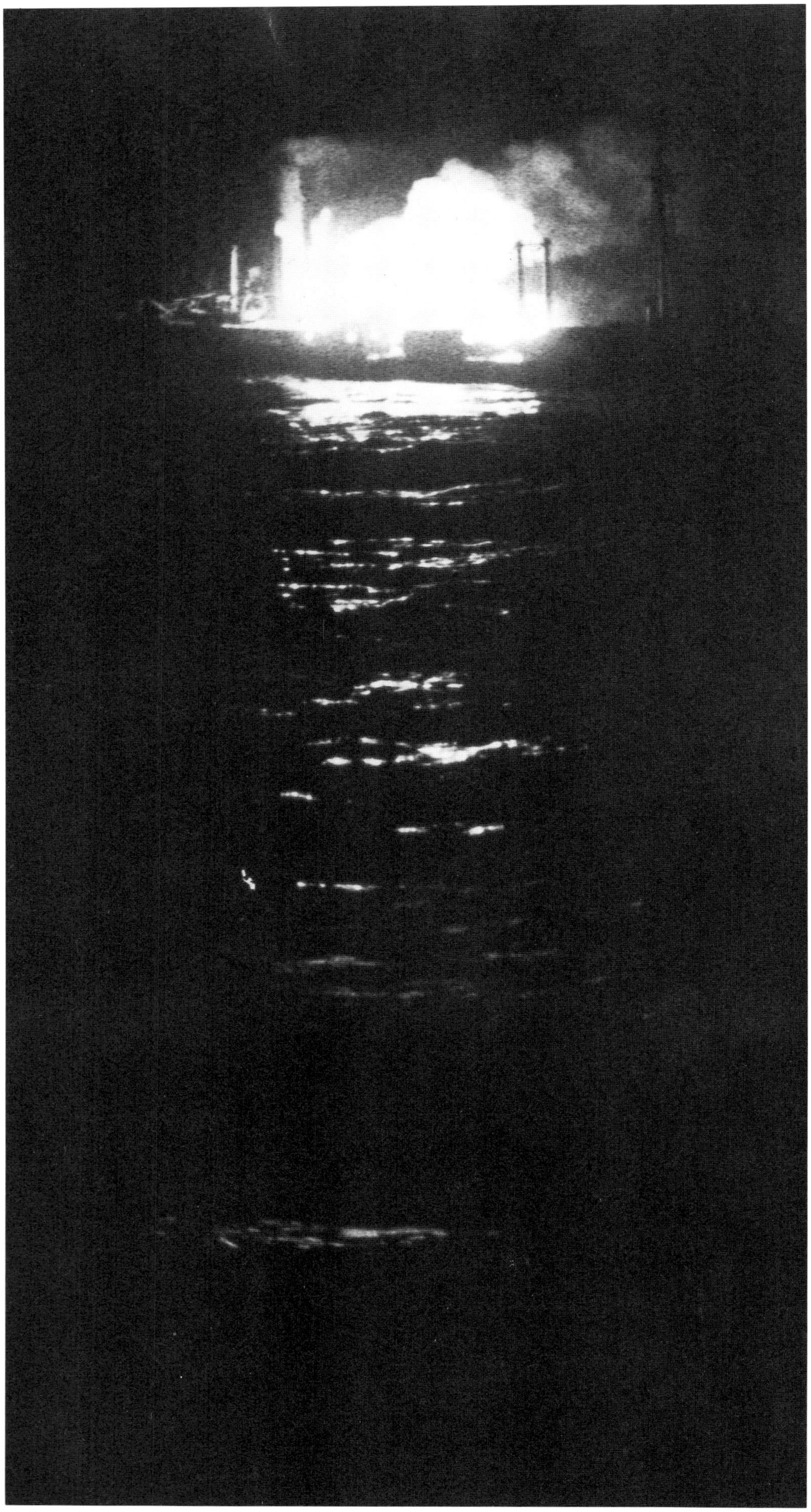

Seit September 1940 begannen von Land geführte Geleitzugschlachten. Ein erster Versuch gegen den noch vom deutschen xB-Dienst gemeldeten Konvoi SC.2, gegen den vier U-Boote angesetzt wurden, endete mit der Versenkung von 5 Schiffen. Für die britische Admiralität war es überraschend, daß die U-Boote nachts über Wasser angriffen, wie es das Bild links von einem bei einem Nachtangriff im Herbst 1940 getroffenen Dampfer zeigt. Dadurch blieb das mit so großen Erwartungen bedachte Unterwasser-Schallortungssystem „Asdic" wirkungslos.

Eines der zu Wettermeldungen für die geplante Operation „Seelöwe" weit nach Westen geschickten deutschen U-Boote sichtete am 20. September den Konvoi HX.72 mit 41 Schiffen und führte 4 andere Boote heran, die zusammen 12 Schiffe versenkten. Noch größer war der Erfolg vom 17. bis 20. Oktober, als 10 U-Boote nacheinander 21 Schiffe aus dem Konvoi SC.7 und 12 Schiffe aus dem HX.79 herausschossen, ohne daß die Geleitfahrzeuge eines der U-Boote wirksam bekämpfen konnten.

Erst als man in England gegen Ende des Jahres 1940 erkannte, daß die befürchtete deutsche Invasion offenbar abgesagt worden war, konnte man die Geleitsicherungen verstärken, so daß es für die U-Boote schwieriger wurde, zum Angriff zu kommen.

Um die geringe Zahl der deutschen U-Boote zu verstärken, entsandte die italienische Marine von August bis Oktober 27 ihrer größeren U-Boote in den Atlantik, wo sie von Bordeaux aus zusammen mit den deutschen U-Booten operieren sollten. Eines der italienischen U-Boote sieht man oben rechts beim Auslaufen zu einer Atlantikunternehmung in der Biskaya. Die ungewohnten Bedingungen im Atlantik und fehlende Übung in beweglichen Operationen ließen jedoch Erfolge erst eintreten, nachdem einige italienische Kommandanten als „Schüler" auf deutschen Booten mitgefahren waren.

Erst im Frühjahr 1941 begann die Zahl der in Frankreich stationierten U-Boote durch Zulauf von Neubauten anzusteigen. Auf dem Bild rechts liegen vier von ihnen in einem französischen Atlantikhafen.

AUSSURES FINOKI
DE PARIS

Im Herbst 1940 waren die schweren deutschen Einheiten soweit hergestellt, daß sie nacheinander zu dem geplanten Einsatz im Handelskrieg auslaufen konnten.

Die *Admiral Scheer* erreichte als erste am 6. November den Nordatlantik und griff den Konvoi HX.84 an, vermochte aber den begleitenden britischen Hilfskreuzer *Jervis Bay* erst nach längerem Gefecht zu versenken, so daß sie von den sich zerstreuenden 37 Schiffen nur 5 versenken konnte. Danach ging die *Scheer* in den Südatlantik und Indischen Ozean. Das Bild links zeigt sie, aufgenommen von Bord eines von ihr aufgebrachten britischen Handelsschiffes. Am 1. April 1941 kehrte sie nach der Versenkung von 17 Schiffen zurück.

Die *Admiral Hipper* passierte die Dänemarkstraße Anfang Dezember 1940 und lief nach einem kurzen Gefecht mit der Kreuzer-Sicherung eines Truppentransporter-Konvois am 27. Dezember nach Brest ein. Auf einer weiteren Fahrt im Februar 1941 griff sie den von Freetown kommenden Konvoi SLS.64 an und versenkte 7 Schiffe (eins von ihnen brennend außen links unten im Bild), ehe sie nach kurzem Aufenthalt in Brest nach Norwegen durchbrach.

Die *Scharnhorst* und *Gneisenau* erreichten durch die Dänemarkstraße den Atlantik, wo sie in zwei Monaten aus aufgelösten Konvois und an Einzelfahrern 22 Schiffe versenkten oder aufbrachten. Am 23. März 1941 trafen beide Schiffe in Brest ein. Das Bild unten von der *Scharnhorst* wurde im Atlantik aufgenommen, auf dem Bild daneben nimmt die *Gneisenau* Überlebende eines von ihr versenkten alliierten Frachters auf.

Für die Operationen der deutschen schweren Einheiten und Hilfskreuzer spielten die in den Atlantik entsandten Versorger eine entscheidende Rolle. Gelegentlich wurden aber auch die Hilfskreuzer zur Versorgung von U-Booten im Mittelatlantik herangezogen, wie etwa (Bild unten) der als griechischer Frachter *Kassos* getarnte Hilfskreuzer *Pinguin* oder der rechts bei der Treibstoffversorgung von U-Booten im Mittelatlantik aufgenommene Hilfskreuzer *Kormoran*.

Von Ende März bis Anfang Dezember 1940 liefen in den Neumondperioden nacheinander die deutschen Hilfskreuzer *Atlantis, Orion, Widder, Thor, Pinguin* und *Kormoran* durch die Dänemarkstraße vom Gegner unbemerkt in den Atlantik aus, während die *Komet* mit Hilfe sowjetischer Eisbrecher im Sommer 1940 die Nordost-Passage um Sibirien herum für den Ausmarsch benutzte. Die Seekriegsleitung steuerte den Einsatz der Hilfskreuzer in den Operationsgebieten des Mittel- und Südatlantik, des Indischen Ozeans und des Pazifik mit Funksignalen. Die als alliierte oder neutrale Handelsschiffe getarnten Hilfskreuzer näherten sich erfaßten Schiffen, ließen im letzten Moment die Tarnung fallen, hißten die deutsche Kriegsflagge und stoppten die Schiffe mit einem Schuß vor den Bug. Drehten die Schiffe bei, wurde ein Prisenkommando an Bord geschickt, das Papiere und Ladung untersuchte. Hatte das Schiff Konterbande an Bord, wurde die Besatzung übernommen und das Schiff versenkt oder mit einer Prisenbesatzung nach Frankreich geschickt. Viele Schiffe folgten aber der Weisung der britischen Admiralität und funkten RRR-(„Raider")-Signale, worauf die Hilfskreuzer dann das direkte Feuer eröffneten.

War auf alliierter Seite die Anwesenheit eines „Raiders" erkannt, wurden Kreuzer oder Jagdgruppen angesetzt. Die *Thor* vermochte sich im Juli und Dezember 1940 Angriffen der britischen Hilfskreuzer *Alcantara* und *Carnarvon Castle* (das Bild links unten zeigt diese mit Gefechtsschäden in Rio de Janeiro) zu entziehen und im April 1941 sogar den Hilfskreuzer *Voltaire* zu versenken. Aber im Mai fielen die *Pinguin,* im November die *Atlantis* britischen Kreuzern zum Opfer. Die *Kormoran* konnte den sie anhaltenden Kreuzer *Sydney* so schwer treffen, daß er sank, mußte jedoch selbst aufgegeben werden.

Ende 1940 wurden die noch wenigen deutschen U-Boote durch die Flugzeuge des RAF Coastal Command aus dem unmittelbaren Vorfeld der britischen Küsten abgedrängt. Das Finden der Konvois wurde damit schwieriger. Nach langem Drängen wurde der U-Boot-Führung eine Gruppe von *Fw-200-Kondor*-Langstreckenflugzeugen als Aufklärer unterstellt, deren Typ das Bild ganz oben zeigt. Während sie aber selten U-Boote an Konvois führten, versenkten sie selbst viele Schiffe. So setzte am 26. Oktober eine *Fw-200* die 42 348 BRT große *Empress of Britain* in Brand (Bild oben). Sie wurde anschließend durch *U 32* versenkt, das selbst zwei britischen Zerstörern zum Opfer fiel.

Auf der Seite rechts sieht man das von *U 552* am 27. April 1941 torpedierte und auseinanderbrechende Motorschiff *Beacon Grange.*

Am 24. August 1940 war das 41700 ts verdrängende Schlachtschiff *Bismarck* auf der Werft von Blohm & Voß in Hamburg in Dienst gestellt worden. Auf dem Bild ganz oben kehrt sie im Dezember nach Erprobungen in der Ostsee durch den Nord-Ostsee-Kanal zu Restarbeiten in die Werft zurück. Ebenfalls im August 1940 war der neue Schwere Kreuzer *Prinz Eugen* in Kiel in Dienst gestellt worden. Und im Februar 1941 sollte das Schwesterschiff der *Bismarck*, die *Tirpitz*, folgen. Mit diesen Schiffen und den in Brest eingelaufenen beiden Schlachtschiffen hatte die deutsche Seekriegsleitung große Pläne. Das Bild oben zeigt die *Bismarck* vom Deck der *Prinz Eugen* aus im April 1941 nach weiteren Erprobungen bei Gotenhafen (Gdingen).

Im Unternehmen „Rheinübung“ sollten die *Scharnhorst* und *Gneisenau* von Brest und die *Bismarck* und *Prinz Eugen* von Norwegen durch die Dänemark-Straße auf die Routen der Nordatlantik-Geleite vorstoßen und diese bekämpfen. Um ihre Schiffe mehrere Wochen in See versorgen zu können, entsandten die Deutschen 7 Tanker, 2 Spähschiffe und mehrere Wetterbeobachtungsschiffe ins Nordmeer sowie in abgelegene Gebiete des Nord- und Mittelatlantik.

Doch verursachten britische Luftangriffe auf Brest solche Schäden auf *Scharnhorst* und *Gneisenau*, daß beide für das Unternehmen ausfielen. Folglich liefen am 18. Mai 1941 nur die *Prinz Eugen* von Kiel und die *Bismarck* von Gotenhafen (Gdingen) zur „Rheinübung“ aus. Im Kattegat wurden sie von dem schwedischen Kreuzer *Gotland* gemeldet, was die britische Admiralität umgehend über den norwegischen Marine-Attaché aus Stockholm erfuhr. So wurden die inzwischen am 21. Mai zur Brennstoffergänzung in den Grimstad-Fjord südlich von Bergen eingelaufenen Schiffe von einem britischen *Spitfire*-Aufklärer gefunden und aus 8000 m Höhe photographiert. Die Originalaufnahme ist hier im Maßstab 1:10 000 und nach Norden ausgerichtet reproduziert.

Als weitere britische Aufklärer am 22. Mai 1941 den Fjord leer vorfanden, setzte der Oberbefehlshaber der „Home Fleet“, Admiral Tovey, eine Kampfgruppe mit dem Schlachtkreuzer *Hood* und dem neuen Schlachtschiff *Prince of Wales*, das noch Werftarbeiter an Bord hatte, zur Sperrung der Dänemark-Straße zwischen Island und Grönland und mehrere Kreuzer zur Überwachung der Island-Shetland-Enge an, während er selbst mit dem Flaggschiff *King George V*, einem Schwesterschiff der *Prince of Wales*, dem Träger *Victorious* und Kreuzern von Scapa Flow aus in See ging, um die deutschen Schiffe abzufangen.

Auf dem von der *Prinz Eugen* aus aufgenommenen Bild links sieht man die mit ihr in Kiellinie nach Norden marschierende *Bismarck.*

Am Abend des 23. Mai sichteten die zwei zur Bewachung der Dänemark-Straße entsandten Schweren Kreuzer *Norfolk* und *Suffolk* die *Bismarck* und die *Prinz Eugen* und hielten außerhalb von deren Artillerie-Reichweite Fühlung. Auf ihre Meldung operierend, kamen bei Hellwerden am 24. Mai die *Hood* mit Admiral Holland an Bord und die *Prince of Wales* in Sicht der deutschen Schiffe. Um 5.52 Uhr eröffnete die *Hood* das Feuer auf *Prinz Eugen.* Die Deutschen antworteten sofort und erzielten schon mit den ersten Salven schwere Treffer auf der *Hood,* die das Schiff nach fünf Minuten in die Luft fliegen ließen. Auf dem zweiten Bild links sieht man die *Bismarck* auf die *Hood* feuern. Wegen der hohen Geschwindigkeit, die die *Bismarck* läuft, bleibt der schwarze Mündungsqualm ihrer Geschütze achteraus. Die weiße Wassersäule rechts ist der Einschlag einer zu kurz liegenden britischen Granate. Das dritte Bild zeigt links die *Prince of Wales,* rechts die brennende *Hood* kurz vor der Explosion. Nur drei Mann von der *Hood* wurden gerettet, Admiral Holland und 1417 Mann kamen um. Bei der Fortsetzung des Gefechtes gegen die *Prince of Wales* erhielt auch diese schwere Treffer, konnte sich aber dem Feuer entziehen und zusammen mit den beiden Kreuzern weiter Fühlung halten. Die *Bismarck* hatte zwei schwere und einen leichten Treffer erhalten, die zu einer Reduzierung der Geschwindigkeit und einer Ölspur führten, welche das Fühlunghalten für die Briten erleichterte. Das untere Bild zeigt die am Abend des 24. Mai auf die *Prince of Wales* schießende *Bismarck.* Diese versuchte mehrfach, kehrtzumachen und die britischen Fühlungshalter zum Abdrehen zu zwingen, um der *Prinz Eugen* ein Absetzen zu ermöglichen, was schließlich gelang.

In der hellen Nacht zum 25. Mai war Admiral Tovey so weit herangekommen, daß er die an Deck der *Victorious* bereiten *Swordfish*-Flugzeuge (Bild rechts oben) zum Angriff auf die *Bismarck* starten lassen konnte. Sie erzielten einen wirkungslosen Torpedotreffer. In der Nacht gelang es der

Bismarck in einem günstigen Moment, die Fühlungshalter abzuschütteln, was der an Bord eingeschiffte deutsche Flottenchef Admiral Lütjens jedoch nicht erkannte. So setzte er am Morgen des 25. Mai lange Funksprüche ab, um die Ergebnisse des Gefechtes in der Dänemark-Straße und seine Absicht, Brest anzulaufen, zu melden. Diese Funksprüche wurden von den Briten eingepeilt, jedoch zunächst auf dem Flaggschiff falsch ausgewertet, so daß die Schiffe Admiral Toveys, inzwischen durch von Konvois abgezogene Einheiten verstärkt, fächerförmig in die falsche Richtung suchten. Erst ein Signal der Admiralität machte Tovey auf den Irrtum aufmerksam. Doch jetzt war die *Bismarck* auf jeden Fall so weit voraus, daß nur noch die von Gibraltar kommende „Force H" mit dem der *Bismarck* weit unterlegenen Schlachtkreuzer *Renown*, dem Träger *Ark Royal* und dem Kreuzer *Sheffield* die *Bismarck* abfangen konnte, falls die Aufklärung sie fand.

Am Morgen des 26. Mai sichtete ein *Catalina*-Flugboot die *Bismarck*. Alle britischen Schiffe nahmen sofort Kurs auf diese Position. Am Nachmittag sichtete ein Aufklärungsflugzeug der *Ark Royal* die *Bismarck*, und bald gewann die *Sheffield* Fühlung. Aber der erste Angriff der bei schwerem Sturm startenden *Swordfishs* der *Ark Royal* schlug fehl und hätte beinahe die *Sheffield* erwischt. Beim sofort angesetzten zweiten Angriff wurde die *Bismarck* von zwei Torpedos getroffen, von denen einer die Ruderanlage traf und das Schiff manövrierunfähig machte. In der Nacht kamen 4 britische und ein polnischer Zerstörer heran, aber alle ihre Torpedoangriffe verfehlten die *Bismarck*.

Am Morgen des 27. Mai war Admiral Tovey mit der *King George V* und der herangezogenen *Rodney* aufgeschlossen. Das zweite Bild rechts zeigt die *King George V* bei der Feuereröffnung auf die links im Hintergrund erkennbare *Bismarck*.

Im dritten Bild ist die *Rodney* links beim Abfeuern einer 40,6-cm-Salve auf die *Bismarck* zu erkennen, und auf dem unteren Bild, das um 10.31 Uhr von dem Kreuzer *Dorsetshire* aufgenommen wurde, liegt die kampfunfähig geschossene, brennende *Bismarck* hinter den Granateinschlägen von beiden britischen Schlachtschiffen.

Auf dem Bild oben, der letzten Aufnahme von der brennenden *Bismarck*, sieht man links von ihr die Einschläge von Geschossen der britischen Schiffe. Um 10.35 Uhr, nachdem sie von zwei Torpedos der Kreuzer *Norfolk* und *Dorsetshire* getroffen war, zündete man die im Turbinenraum angebrachten Sprengladungen, und die *Bismarck* ging auf ebenem Kiel in die Tiefe.

Aus den Bildern, die 50 Jahre später aus einem Tieftauch-U-Boot von dem in mehr als 4000 m Tiefe liegenden Wrack der *Bismarck* gemacht wurden, weiß man, wie weitgehend zerstört alle Aufbauten und Geschütze des Schiffes vor dem Untergang waren und wie schwer dementsprechend auch die Opfer an Menschenleben gewesen sein müssen, bevor es sank. Trotzdem gelangte noch ein großer Teil der Mannschaft mit Schwimmwesten ins Wasser.

Die britischen Schiffe kamen heran, um Überlebende zu bergen. Auf dem Bild rechts schwimmen Seeleute der *Bismarck* im Wasser, die von Besatzungsangehörigen der *Dorsetshire* mit Leinen an Bord gezogen werden. Die Briten mußten die Bergungs-

aktion abbrechen, als Beobachtungen über deutsche U-Boote gemeldet wurden. Tatsächlich waren zwei Boote zum Abholen der Kriegstagebücher zur *Bismarck* beordert worden, kamen aber nicht mehr rechtzeitig.

Die *Dorsetshire* und der Zerstörer *Maori* übernahmen 110 Überlebende, darunter nur 2 Offiziere. *U 74* und das Wetterbeobachtungsschiff *Sachsenwald* retteten später noch 5 Mann, eine Suche des spanischen Kreuzers *Canarias* blieb erfolglos. Admiral Lütjens, der Kommandant, Kapitän zur See Lindemann, der gesamte Flottenstab und 2106 Mann der Besatzung sind mit der *Bismarck* untergegangen.

Als wenige Wochen später der Schwere Kreuzer *Lützow* (die ehemalige *Deutschland*) beim Auslaufen zu einer Atlantik-Unternehmung im Skagerrak einen Lufttorpedotreffer erhalten hatte und im Atlantik die deutschen Überwasser-Versorgungsschiffe von britischen Suchgruppen aufgebracht waren, war es den Deutschen nicht mehr möglich, mit schweren Schiffen im Atlantik Handelskrieg zu führen.

Die deutsche Kriegsmarine benutzte zur Verschlüsselung ihres Funkverkehrs eine besondere Version der Wehrmacht-Schlüsselmaschine „Enigma". Polnische Kryptologen waren schon 1932 in das „Enigma"-System eingedrungen und hatten 1939 ihre Erkenntnisse Frankreich und England zugänglich gemacht. Die britische Entzifferungszentrale in Bletchley Park hatte zwar ab 1940 den Einbruch in Schlüsselbereiche der Luftwaffe erzielt, war aber gegen die Marineversion „Schlüssel M-3" trotz der Erbeutung von Schlüsselwalzen bis zum März 1941 ohne Erfolg geblieben. Erst die Beute des Lofoten-Raids (siehe Seite 78) erlaubte mit großen Verzögerungen die Entzifferung von Tagesschlüssel-Einstellungen, nachdem die Schlüsselmaschine in der Marine-Version rekonstruiert war. Als es dann am 7. und 9. Mai 1941 gelang, von dem überraschten Wetterbeobachtungsschiff *München* und dem bei einer Geleitzugschlacht zum Auftauchen gezwungenen und von der „boarding party" geenterten *U 110* auch gültige Schlüsselunterlagen, darunter das Kurzsignalheft und das Wetterkurzsignalheft, zu erbeuten, konnte man in Bletchley Park ab Ende Mai 1941 die Funksprüche im Bereich „Heimisch" zeitgleich mitlesen. Eine Folge war, daß 6 der 8 für die Operation „Rheinübung" in den Atlantik entsandten Versorger abgefangen wurden.

Furcht vor einer Kompromittierung des Einbruchs in das „Enigma"-Verfahren ließ die britische Admiralität weitere gezielte Aktionen verbieten. Aber die Experten in Bletchley Park hatten inzwischen so viel Erfahrung, daß sie ab August 1941 die Tagesschlüssel mit drei Tagen Verzögerung knacken konnten. War ein Tagesschlüssel gelöst, konnte Bletchley Park alle Funksprüche des Tages per Fernschreiber unter dem Geheimhaltungsgrad „Ultra" an den „Submarine Tracking Room" senden, der nun die Konvois um die erkannten Aufstellungen deutscher U-Boote herumführte.

Das Bild unten zeigt den am 12. Juni von dem Kreuzer *Sheffield* aufgrund eines „Ultra"-Signals gestellten deutschen Tanker *Friedrich Breme* bei der Versenkung. Die Aufbringung des Wetterschiffes *Lauenburg* am 28. Juni lieferte auch die Schlüsselunterlagen für den Juli.

Bei der Suche nach dem vom deutschen xB-Dienst gemeldeten, aber umgeleiteten Konvoi HX.145 wurde *U 570* von einem auf Island gestarteten *Hudson*-Bomber in schwerem Wetter beschädigt, so daß der Kommandant sich zur Übergabe entschloß. Herangerufene Schiffe schleppten das Boot nach Island ein. Wenn auch die Schlüsselmittel über Bord geworfen waren, so brachte das als HMS *Graph* in Dienst gestellte Boot den Engländern wichtige technische Erkenntnisse. Auf dem Bild oben nähert sich der Zerstörer *Burwell U 570,* um die Besatzung zu übernehmen.

Die britische Konvoisteuerung war im zweiten Halbjahr 1941 so erfolgreich, daß Geleitzugschlachten nur noch zustande kamen, wenn ein auf dem Marsch befindliches U-Boot zufällig einen umgeleiteten Konvoi traf. So wurde der Verlust von etwa 1 500 000 BRT Schiffsraum vermieden. Um eine mögliche Ursache für das Ausbleiben von Konvoi-Sichtungen auszuschließen, versuchte die U-Boot-Führung unter anderem, die Schlüsselsicherheit zu verbessern. Aber erst am 1. Februar 1942 konnten die Deutschen zur Verschlüsselung die neue Vierwalzenmaschine „M-4“ einführen, wodurch man in Bletchley Park einstweilen ausmanövriert war.

Schon wenige Tage nach der Wiederwahl des amerikanischen Präsidenten Roosevelt hatte ihm der „Chief of Naval Operations" am 12. November 1940 vier strategische Pläne vorgelegt. Roosevelt entschied sich für den Plan „Dog", der den Aufbau einer Offensiv-Kapazität im Atlantik und eine Defensive im Pazifik vorsah. Dieser Plan wurde zum Leitfaden für die im Januar aufgenommenen amerikanisch-britisch-kanadischen Stabsbesprechungen, die zu dem am 27. März 1941 verabschiedeten „ABC Staff Agreement" führten, das die künftige gemeinsame „Europe-first"-Strategie für den Fall eines amerikanischen Kriegseintritts festlegte. Kurz zuvor, am 11. März, hatte der Kongreß das „Leih- und Pachtgesetz" verabschiedet, das die Lieferung von Kriegsmaterial auf britischen Schiffen, die Reparatur von beschädigten Kriegsschiffen sowie die Ingangsetzung eines großen Bauprogramms für Handelsschiffe und Geleitfahrzeuge erlaubte.

Am 18. April dehnte man die von der US-Atlantik-Flotte zu patrouillierende Sicherheitszone bis auf 30° West aus und bildete am 21. April vier „Task Forces" zur Durchführung dieser Patrouillen, die im Mai und Juni durch die Überführung von 25 % der Pazifik-Flotte verstärkt wurden. Am 14. Juni dehnte man die Zone, in der regelmäßig Kampfgruppen mit Schlachtschiffen, Flugzeugträgern, Kreuzern und Zerstörern kreuzten, auf 26° West aus. Der Abbruch der deutschen Überwasser-Handelskriegsoperationen nach der Aufbringung der Versorger ließ es nicht zu gravierenden Zwischenfällen kommen.

Nachdem die USA schon am 9. April 1941 das Protektorat über Grönland übernommen hatten, ließ Roosevelt am 7. Juli eine Marine-Brigade in Reykjavik landen, um die dortige britische Garnison abzulösen. Nun mußten die Versorgungskonvois in dem Operationsgebiet der deutschen U-Boote geschützt werden. Ab Ende Juli liefen regelmäßig durch US-Kampfgruppen gesicherte Konvois von Neufundland nach Island und zurück. In Hvalfjord bei Reykjavik wurde eine aus Schlachtschiffen, Kreuzern und Zerstörern bestehende Kampfgruppe stationiert. Zu dieser gehörte das Schlachtschiff *Mississippi,* das das Bild unten in schwerer See bei der Überwachung der Dänemarkstraße im Herbst 1941 zeigt.

Nur ein Maschinenschaden auf der *Admiral Scheer* verhinderte, daß es dort am 5. November 1941 zu einer amerikanisch-deutschen Seeschlacht kam.

Schon im Februar 1941 hatte die US-Atlantik-Flotte eine „Support Force" aus 3 Zerstörer- und 4 Flugboot-Geschwadern aufgestellt, um Konvois von Neufundland um Nordirland herum in den Nordkanal zu sichern. Ihr Einsatz wurde aber aufgeschoben. Im Juni erkannte man aus von den Engländern übermittelten entzifferten Funksprüchen, daß Hitler während seines Eroberungsfeldzuges gegen die Sowjetunion Zwischenfälle mit amerikanischen Schiffen unbedingt vermeiden wollte. Die U-Boote hatten nach Sichtung des US-Schlachtschiffes *Texas* im Operationsgebiet stark einschränkende Befehle erhalten.

Auf der Atlantik-Konferenz zwischen Roosevelt und Churchill vom 9. bis 12. August 1941 wurden die Einzelheiten des aktiven Eingreifens der noch neutralen US-Navy in die Atlantik-Schlacht festgelegt. Vom 1. September ab ging die operative Führung des Konvoi-Verkehrs westlich 26° West an den amerikanischen Chief of Naval Operations über, der seine Befehle an die amerikanischen und kanadischen „Escort Groups" der Konvois teilweise aufgrund der auf „Ultra"-Meldungen (siehe Seite 50) basierenden Empfehlungen der britischen Admiralität gab, die für den Ostteil der Route verantwortlich blieb.

Am 4. September wurde der amerikanische Zerstörer *Greer* von einem britischen Flugzeug an das getauchte *U 652* geführt und von dessen Torpedos verfehlt, nachdem das Flugzeug es mit Bomben belegte. Der Zwischenfall gab Roosevelt den Vorwand zur Bekanntgabe seines „Schießbefehls". Vom 16. September bis zum 7. Dezember geleiteten US Task Groups in beiden Richtungen je 14 Konvois mit zusammen mehr als 1200 Schiffen. Das Bild oben zeigt im Vordergrund den US-Zerstörer *Plunkett* als Führerschiff der kanadisch-britisch-französisch-amerikanischen Escort Group des Konvois SC.48 im Oktober 1941.

Das Mittelmeer I
10. Juni 1940 – 31. Oktober 1942

Vor dem Waffenstillstand vom 25. Juni 1940 war die fahrbereite französische Flotte nach nord- und westafrikanischen Häfen ausgewichen. Aus Furcht, die kampfkräftigen modernen Schiffe könnten in deutsche oder italienische Hand fallen, versuchte die Royal Navy auf Weisung Churchills, dies mit allen Mitteln zu verhindern. Während es Admiral Cunningham in Alexandria durch geschicktes Verhandeln gelang, das dort liegende französische Geschwader zu neutralisieren, weigerte sich Admiral Gensoul in Mers-el-Kebir bei Oran am 3. Juli, ein britisches Ultimatum anzunehmen. Die „Force H" mit 3 Schlachtschiffen, 1 Flugzeugträger, 2 Kreuzern und 11 Zerstörern eröffnete daraufhin das Feuer auf die im Hafen liegenden französischen Schiffe. Das Bild unten zeigt den Überfall. Das alte Schlachtschiff *Bretagne* geriet in Brand und kenterte, die moderne *Dunkerque* und die ältere *Provence* wurden schwer getroffen, und der Großzerstörer *Mogador* verlor sein Heck. Sein Schwesterschiff *Volta* durchbrach zusammen mit zwei anderen Zerstörern und dem Schlachtschiff *Strasbourg* den britischen Ring und entkam nach Toulon. 1147 französische Seeleute fanden den Tod: eine schwere Belastung für das Verhältnis der bisher verbündeten Marinen. Die französische Regierung in Vichy brach die diplomatischen Beziehungen zu England ab und ließ französische Flugzeuge Gibraltar bomben.

Gegen das in Dakar liegende neue, aber noch unfertige Schlachtschiff *Richelieu* setzten die Briten am 7. Juli 1940 ein schnelles Motorboot mit einer Sprengladung und Torpedoflugzeuge des Trägers *Hermes* ein, die das Schiff schwer beschädigten. Zwei französische U-Boote kamen gegen die Schiffe nicht zum Schuß, konnten aber 6 unter britischer Flagge fahrende Handelsschiffe einbringen.

Die in britischen Häfen liegenden französischen Schiffe und U-Boote wurden, teilweise gegen Widerstand, von den Engländern besetzt, oder ihre Besatzungen schlossen sich der frei-französischen Marine unter General de Gaulle und Admiral Muselier an.

Der Seekrieg im Mittelmeer war vor allem ein Ringen um die Seeverbindungen. Die italienische Flotte hatte die Konvois mit Truppen- und Materialnachschub für die Armee in Libyen und der Cyrenaica zu sichern. Die britische „Force H" in Gibraltar und die Mittelmeer-Flotte in Alexandria hatten die Insel Malta zu versorgen, deren Eroberung zu Beginn des Krieges die italienische Führung versäumt hatte. Solche Geleitoperationen führten wiederholt zu Gefechten und sogar Seeschlachten zwischen schweren Einheiten.

Am 6. Juli 1940 verließ ein italienischer Konvoi von Truppentransportern Neapel auf dem Weg nach Benghasi, zu dessen Sicherung nach und nach die ganze italienische Flotte in See ging, weil die Aufklärung britische Kreuzer in Malta gemeldet hatte. Zur Deckung von zwei Malta-Konvois war auch die britische Mittelmeer-Flotte in See. Am Morgen des 9. Juli kam es bei Punta Stilo zu einem 105minütigen Schußwechsel zwischen dem britischen Flaggschiff *Warspite* und den italienischen Schlachtschiffen *Conte di Cavour* und *Giulio Cesare,* bei dem letztere einen schweren Treffer erhielt, der den italienischen Flottenchef zum Abbruch des Gefechtes veranlaßte. Das von Bord der *Cavour* aufgenommene Bild oben zeigt die feuernde *Cesare.* Die Gefechte der Kreuzer erbrachten nur einen leichten Treffer auf dem italienischen Kreuzer *Bolzano,* und die Torpedoattacken der Zerstörer blieben ergebnislos, ebenso wie die der Torpedoflugzeuge des britischen Trägers *Eagle* und die Angriffe von 126 italienischen Bombern, die nur den Kreuzer *Gloucester* leicht beschädigten.

Bei einer Fahrt zu den italienischen Dodekanes-Inseln wurden zwei italienische Kreuzer von der britischen Luftaufklärung erfaßt und am 19. Juli 1940 bei Kap Spada von dem australischen Kreuzer *Sydney* und vier Zerstörern gestellt. In dem Gefecht wurde der Kreuzer *Bartolomeo Colleoni* manövrierunfähig geschossen (Bild oben) und von Zerstörern nach Bergung von 525 Mann mit Torpedos versenkt.

Die Aufbringung der U-Boote *Galilei* im Roten Meer und *Uebi Scebeli* im Mittelmeer am 19. und 29. Juni lieferte den Engländern wichtiges Geheimmaterial über die Operationen der zahlreichen italienischen U-Boote, was wesentlich zu deren Mißerfolg und zu Verlusten beitrug. Aber auch die großen britischen U-Boote hatten anfangs schwere Verluste zu beklagen.

Als zwei weitere von Grund auf modernisierte und zwei neue 35 000-ts-Schlachtschiffe im August 1940 einsatzbereit waren, stellte die italienische Flotte eine schwere Bedrohung der britischen Versorgungs-Konvois nach Malta und – nach dem italienischen Angriff gegen Griechenland – auch in die Ägäis dar. Bei einer von Westen und Osten ausgehenden Malta-Operation führte der britische Träger *Illustrious* in der Nacht vom 11. auf den 12. November mit seinen *Swordfish*-Torpedoflugzeugen einen Luftangriff gegen die in Tarent liegende italienische Flotte, bei dem die Schlachtschiffe *Littorio, Caio Duilio* und *Conte di Cavour* (Bild rechts oben) auf Grund sanken. Sie wurden zwar gehoben, aber nur die ersten beiden kamen wieder in Dienst. Die Japaner studierten intensiv diesen Angriff.

Nach dieser Halbierung der Kampfkraft der italienischen Schlachtflotte wagten die Briten, einen Konvoi durch das Mittelmeer von Gibraltar nach Alexandria zu schicken und zugleich zwei Konvois von Osten nach Malta und in die Ägäis durchzubringen. Auf die Meldung eines Flugzeuges über den britischen Verband im westlichen Mittelmeer lief der italienische Flottenchef mit 2 Schlachtschiffen, 6 Kreuzern und 14 Zerstörern aus, um diesen abzufangen. Am 27. November 1940 traf er jedoch nicht nur auf die „Force H“, sondern auch auf die zur Aufnahme des Konvois bis südlich Sardinien vorgestoßene „Force D“ und brach das Gefecht nach kurzem Schußwechsel ab, an dem, wie das Bild ganz unten zeigt, auch die britischen Kreuzer *Manchester* und *Sheffield* beteiligt waren.

Der Rückschlag durch die griechische Gegenoffensive in Albanien im November 1940 und der Beginn einer erfolgreichen britischen Gegenoffensive in der Cyrenaica im Dezember veranlaßten Hitler zur Verlegung des X. Fliegerkorps nach Sizilien. Bei einer neuen britischen Operation zur Durchbringung von Geleiten durch das Mittelmeer sowie nach Malta und Piräus griffen am 10. und 11. Januar 1941 zum ersten Mal deutsche *Ju-87*-Sturzbomber britische Einheiten an, versenkten den Kreuzer *Southampton* und erzielten 6 schwere Treffer auf dem Träger *Illustrious*, dessen brennendes Flugdeck das Bild links zeigt. Er wurde nach Malta eingebracht, dort bei weiteren Angriffen mehrfach getroffen, entkam aber Ende Januar nach Alexandria und ging zur Reparatur in die Marinewerft Norfolk in den USA.

Nach einer irrtümlichen Meldung der deutschen Luftwaffe über Torpedotreffer auf schweren Einheiten der britischen Mittelmeer-Flotte ging die italienische Flotte auf deutschen Druck am 26. März 1941 in See, um britische Geleite für die Ägäis abzufangen. Von Bletchley Park durch die Entzifferung zweier italienischer und deutscher Funksprüche vor einer italienischen Operation in das Gebiet von Kreta gewarnt, ging die britische Mittelmeer-Flotte von Alexandria aus in See. Nach einem ergebnislosen Gefecht mit einer aus der Ägäis kommenden britischen Kreuzergruppe und einem mißlungenen Angriff von Torpedoflugzeugen des britischen Trägers *Formidable* brach der italienische Flottenchef den Vorstoß ab. Torpedoflugzeuge erzielten im zweiten Angriff je einen Treffer auf dem Schlachtschiff *Vittorio Veneto* und dem Kreuzer *Pola,* der manövrierunfähig liegen blieb. In der Nacht wurden die *Pola* und die beiden zur Hilfe geschickten Kreuzer *Fiume* und *Zara* sowie zwei Zerstörer bei Kap Matapan von den herangekommenen britischen Schlachtschiffen versenkt. Die beschädigte *Vittorio Veneto,* die das Bild links unten nach dem Torpedotreffer zeigt, entkam.

Wenige Tage später, am 6. April 1941, begann der deutsche Angriff gegen Jugoslawien und Griechenland. Während die deutschen Truppen die jugoslawischen und griechischen Armeen zur Kapitulation zwangen, griff das deutsche X. Fliegerkorps am 7. und vom 21. bis 24. April wiederholt Piräus an und versenkte dort zahlreiche Handelsschiffe und die alten Linienschiffe *Kilkis* und *Lemnos,* wie sie in der Mitte und im Hintergrund des Bildes oben zu sehen sind.

Die Briten mußten ihre nach Griechenland gebrachten Truppen evakuieren. 50 672 Mann wurden eingeschifft, 223 000 Griechen und 21 900 Briten gerieten in Gefangenschaft. Am 20. Mai begann der deutsche Angriff gegen Kreta mit Luftlandungen. Angriffe britischer Kreuzer und Zerstörer gegen Motorsegler-Gruppen mit Gebirgsjägern an Bord wurden durch zwei italienische Torpedoboote zum Teil vereitelt. Am 27. Mai begann die britische Mittelmeer-Flotte mit der Räumung der Insel unter ständigen deutschen Luftangriffen. 3 Kreuzer und 6 Zerstörer wurden versenkt, 3 Schlachtschiffe, ein Flugzeugträger, 6 Kreuzer und 5 Zerstörer beschädigt, 2011 britische Seeleute kamen um. Von den 42 640 Verteidigern gelangten 17 000 nach Ägypten. Die Deutschen verloren 6580 Tote, Verwundete und Vermißte.

Um den Nachschub für eine italienische Offensive gegen Ägypten zu stören, beschossen am 17. August 1940 die britischen Schlachtschiffe *Warspite, Malaya* und *Ramillies* mit dem Kreuzer *Kent* die italienischen Häfen Bardia und Capuzzo. Die von der *Warspite* aus gemachte Aufnahme ganz oben zeigt die drei anderen britischen Schiffe auf dem Anmarsch.

Angesichts der sich in der Cyrenaica anbahnenden Katastrophe – 140 000 Italiener waren während der britischen Offensive in Gefangenschaft geraten – entschloß sich die deutsche Führung im Januar 1941, Truppen unter Generalleutnant Rommel nach Afrika zu entsenden. Am 11. Februar traf der erste Konvoi mit 3 Frachtern, gesichert von 4 italienischen Zerstörern und Torpedobooten, in Tripolis ein, dem weitere folgten, so daß Rommel Ende März zu einem überraschenden Vorstoß antrat, der im April die Cyrenaica zurückgewann, aber das von den Engländern über See versorgte Tobruk nicht einnehmen konnte.

Die aus italienischen und einigen deutschen Frachtern für das Material, Tankern für den Treibstoff und Passagierdampfern für die Truppen bestehenden, von italienischen Zerstörern und Torpedobooten gesicherten Konvois waren die Lebenslinie für die deutsch-italienische Afrika-Armee. Auf dem Bild links unten sind Frachter im Geleit unterwegs nach Tripolis.

Ab Juni 1941 gelang es den Engländern, in den mit der Hagelin-Maschine C38m verschlüsselten Funkverkehr zwischen den italienischen Führungsstellen in Rom und Tripolis einzubrechen. Damit erhielten die auf Malta stationierten U-Boote und Flugzeuge exakte Informationen über Ort und Zeitpunkt des Passierens von Konvois und konnten ihre Angriffe immer präziser ansetzen. Einen besonderen Erfolg erzielte man im September: Am 15. hatten „Ultra"-Entschlüsselungen die Daten eines Truppentransport-Konvois mit den großen italienischen Passagierdampfern *Vulcania, Oceania* und *Neptunia* geliefert, der von 5 Zerstörern gesichert wurde. Von den 4 angesetzten U-Booten kam *Upholder* zum Schuß und versenkte die *Oceania* und *Neptunia.* Von den im Wasser schwimmenden Schiffbrüchigen konnten die Zerstörer 6500 lebend bergen, 384 starben (Bild unten).

Waren im März 1941 von 45 italienischen Konvois mit über 670 000 BRT Schiffsraum nur 1,1 % verloren gegangen, so stieg die Verlustrate im September bei nur noch 28 Konvois mit 330 000 BRT auf 24,3 % und erreichte im Dezember bei weiter absinkender Zahl der Konvois (22) mit nur noch 120 000 BRT 30 %. Die Knappheit an Brennstoff, der weitgehend von Deutschland geliefert werden mußte, verhinderte oft Einsätze der großen italienischen Schiffe zum Schutz der Konvois gegen britische Kreuzer in Malta. Mit ihren Radargeräten waren die Briten in Nachtgefechten ohnehin im Vorteil. Bei dieser verzweifelten Nachschublage blieb Rommel nur der Rückzug vor der britischen Offensive.

Die Krise in Nordafrika im November 1941 zwang die Achsenmächte zu verstärkten Anstrengungen: Zu den bereits dort befindlichen 6 deutschen U-Booten wurden weitere 16 ins Mittelmeer beordert, von denen die ersten Mitte November die Gibraltar-Straße passierten. Schon am 13. torpedierte *U 81* den von einer Unternehmung nach Gibraltar zurückkehrenden Träger *Ark Royal,* der am folgenden Tage aufgegeben werden mußte (Bild links). Am 25. November durchbrach *U 331* die Sicherung der zum Angriff auf Konvois in See gegangenen britischen Mittelmeer-Flotte und traf das Schlachtschiff *Barham* mit 3 Torpedos, die das Schiff in einer gewaltigen Explosion zerrissen. Auf dem Bild links unten ist, wie wahrscheinlich bei keiner vergleichbaren Katastrophe, genau dieser Moment des Auseinanderberstens festgehalten. Am 19. Dezember drangen drei italienische „Maiali" (Torpedoreiter), die von dem U-Boot *Scirè* ausgesetzt waren, in den Hafen von Alexandria ein und legten unter den Schlachtschiffen *Queen Elizabeth* und *Valiant* Haftminen, welche sie auf flachem Wasser auf Grund setzten. Am gleichen Tage geriet die aus 3 Kreuzern und 4 Zerstörern bestehende britische „Force K", die von Malta einen Konvoi vor Tripolis abfangen wollte, in ein italienisches Minenfeld. Der Kreuzer *Neptune* und der Zerstörer *Kandahar* sanken mit rund 550 Mann, die Kreuzer *Aurora* und *Penelope* wurden beschädigt. Das Bild unten zeigt letzteren mit von Bombensplitterspuren übersäter Bordwand nach dem Einlaufen in Malta.

Der Ausfall der schweren britischen Einheiten erlaubte der italienischen Flotte, wieder einige größere Geleite nach Nordafrika durchzubringen. So konnte Rommel am 21. Januar 1942 einen neuen Angriff beginnen, der El Gazala erreichte. Laufende Luftangriffe der deutschen 2. Luftflotte gegen Malta zwangen die Briten im April zum Abzug ihrer Überwasserschiffe, U-Boote und Bomber von Malta nach Ägypten.

Die heftigen Luftangriffe auf Malta ließen die britischen Jagdstaffeln immer mehr zusammenschmelzen. Da den von Osten kommenden britischen Konvois nach Rommels Vorstoß bis El Gazala kein Jagdschutz von der Cyrenaica aus mehr gegeben werden konnte, ließ man die „Force H“ von Gibraltar mit den Trägern *Eagle* und *Argus* und zwei Mal die USS *Wasp* ins Gebiet südlich Sardiniens vorstoßen, um *Spitfire*-Jagdflugzeuge nach Malta einzufliegen.

Im Juni 1942 entschloß man sich, unter Heranziehung von Kräften der „Home Fleet“ mit Konvois von 6 beziehungsweise 11 Transportern von Westen und Osten nach Malta durchzubrechen. Das Bild links zeigt sich einnebelnde Begleitfahrzeuge eines dieser Konvois. Der Konvoi „Harpoon“ verlor südlich Sardiniens einen Transporter durch italienische Flugzeuge. Seine Sicherung hatte vor Kap Bon Gefechte mit zwei italienischen Kreuzern und 4 Zerstörern zu bestehen, bei denen der britische Zerstörer *Bedouin* (das vordere Schiff auf dem Bild links oben) versenkt wurde. Stuka-Angriffen fielen drei Transporter zum Opfer, und vor Malta geriet der Rest des Konvois in eine Minensperre. Der Konvoi „Vigorous“ verlor durch Luftangriffe, Schnellboote und U-Boote 2 Schiffe, einen Kreuzer und 3 Zerstörer und wurde, als inzwischen die italienische Flotte aus Tarent ausgelaufen war, zurückgerufen.

Nach diesem Fehlschlag – nur 2 Schiffe waren in Malta angekommen – konnte ein neuer Versuch erst im August, nach der PQ.17-Operation im Nordmeer (siehe Seite 80), unternommen werden. Die 3 Flugzeugträger *Eagle*, *Victorious* und *Indomitable* sollten die Luftsicherung stellen (im Bild unten links) und eine Kreuzergruppe den Konvoi „Pedestal“ von 14 Transportern durchboxen. Aber durch deutsche und italienische Flugzeuge, U-Boote und Schnellboote wurden die *Eagle*, 2 Kreuzer, 9 Transporter und ein Zerstörer versenkt, die *Indomitable* und 2 Kreuzer schwer beschädigt. Nur 4 Transporter und der Tanker *Ohio*, den das Bild unten mit seinen Schäden im Hafen der Insel zeigt, erreichten Malta.

Während Malta Mühe hatte, sich selbst zu verteidigen, und über keine Angriffskräfte verfügte, konnte der deutsch-italienische Nachschub nach Afrika bis zum Spätsommer 1942 relativ ungestört laufen. Nach der Offensive Rommels, die zum Fall Tobruks am 21. Juni führte und am 30. Juni die Enge von El Alamein erreichte, konnten deutsch-italienische Konvois nicht nur von Sizilien an der tunesischen Küste entlang nach Tripolis und vom Ionischen Meer nach Benghasi geführt werden, sondern auch von Piräus und Kreta nach Tobruk. Das Bild oben zeigt die Versammlung eines Konvois in einem kretischen Hafen, vorn legt ein Netzleger eine Netzsperre gegen U-Boote aus. Die von hier unter Führung des deutschen Admirals Ägäis laufenden Konvois erhielten ihre operativen Weisungen vor dem Auslaufen schriftlich, und dem Führer der Sicherung war sein taktisches Verhalten freigestellt. Damit entfiel weitgehend ein Funkverkehr, der den Engländern die Möglichkeit zur Entzifferung hätte geben können. Anders war es bei den straff von Rom aus geführten Konvois mit ihren gefunkten Fahrplänen. Die Evakuierung der britischen Angriffskräfte von Malta versagte den Engländern aber vom April bis zum September 1942 die Nutzung der „Ultra"-Funkentschlüsselungen zu wirksamen Angriffen.

Nach dem Eintreffen der Reste des britischen „Pedestal"-Konvois in Malta im August und mit weiteren Zuführungen besonders von Angriffsflugzeugen im September und der Rückkehr der 10. britischen U-Boot-Flottille mit den wendigen Booten der *U*-Klasse wendete sich das Blatt. Die deutschen und italienischen Verluste stiegen wieder an, bis sie im Oktober und vor allem im November 1942 dramatische Formen annahmen.

Inzwischen war durch umfangreiche Transporte um Afrika herum die britische 8. Armee in Ägypten mit frischen Truppen, neuen Panzern und Material verstärkt worden. Rommel hatte dagegen mit zunehmenden Nachschubschwierigkeiten zu kämpfen. Am 23. Oktober 1942 leitete ein Trommelfeuer der britischen Artillerie den Angriff der 8. Armee bei El Alamein ein, vor dem die deutsche Afrika-Armee ausgelaugt den Rückzug antreten mußte. Der weitgehend zerstörte Hafen von Tobruk (auf dem Bild unten noch mit Schiffen eines deutschen Konvois am 16. Oktober), der schon einmal von 1940 bis 1942 von australischen, britischen und südafrikanischen Verbänden gehalten worden war, fiel am 13. November 1942 erneut in die Hände der Alliierten, doch Rommel entzog sich der Verfolgung nach Tripolitanien.

Die Ostsee

22. Juni 1941 – 31. August 1944

Während der deutschen Offensiven im Norden und Westen Europas eroberte die Sowjetunion im Winterkrieg von Finnland Karelien und den Stützpunkt Hangö und gliederte sich im Juni und Juli 1940 die drei Baltenrepubliken ein. Am 31. Juli gab Hitler der Wehrmachtführung seinen Entschluß bekannt, „die Sowjetunion im Frühjahr 1941 in einem fünfmonatigen Feldzug niederzuwerfen".

Das Heer, von der Luftwaffe unterstützt, sah dann in der Planung schnelle Truppenvorstöße vor, unter anderem auch ins Baltikum und in Richtung auf Leningrad. Die Marine wollte die sowjetische Ostseeflotte durch massive Minensperren in der mittleren Ostsee sowie vor und im Finnenbusen blockieren. Die „Rollbahn Ostsee" sollte dagegen nur zum Truppentransport nach Finnland genutzt werden, das sich dem deutschen Vorgehen im „Fortsetzungskrieg" anschloß. Am 14. Juni 1941 wurden deutsche Truppen für Finnland in Stettin verladen, die das Bild links zeigt.

Und ebenfalls schon vor dem deutschen Angriff auf die Sowjetunion am 22. Juni 1941 wurden die geplanten deutsch-finnischen Minensperren gelegt. Als die sowjetische Baltische Flotte in der Nacht zum 23. Juni mit dem Legen ihrer Minensperren begann, geriet die Deckungsgruppe in die „Apolda"-Sperre. Ein Zerstörer sank, aber der Kreuzer *Maksim Gorkij* und ein Zerstörer wurden schwer beschädigt eingebracht. Weniger Glück hatten 3 deutsche Minenleger, die am 9. Juli in eine auf deutschen Wunsch ausgelegte schwedische Minensperre bei Öland gerieten und sanken. Es waren (auf dem Bild oben rechts im Vordergrund) die *Tannenberg,* (im Hintergrund brennend) die *Preußen* und die *Hansestadt Danzig.*

Den Einsätzen deutscher U-Boote und Schnellboote fielen mehrere sowjetische U-Boote und kleinere Fahrzeuge zum Opfer. Rechts im Bild liegen gerettete, zum Teil verwundete russische Gefangene an Deck eines deutschen Schnellbootes.

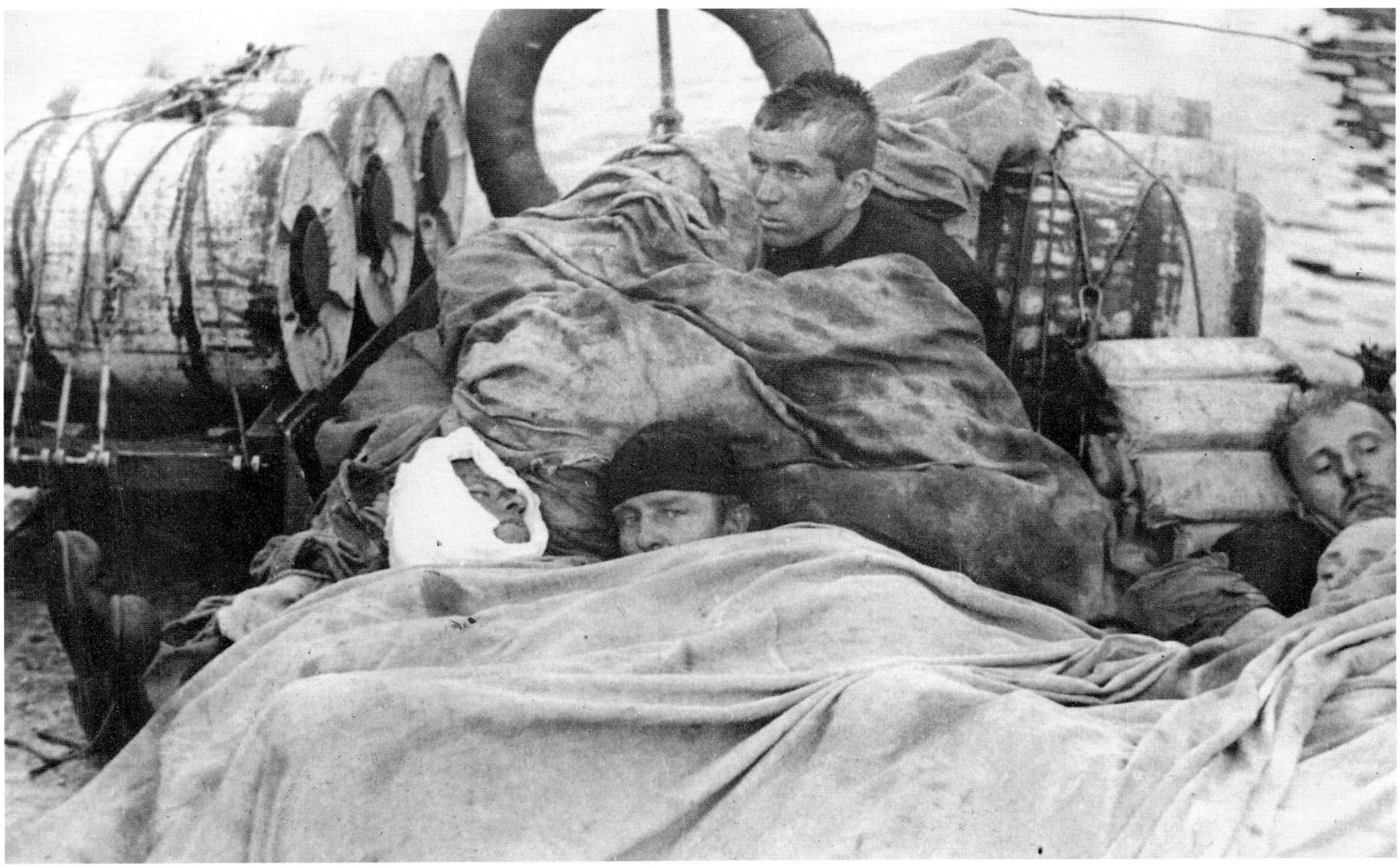

Am 8. August 1941 erreichten die Spitzen der deutschen 18. Armee die Küste des Finnenbusens und schnitten damit die noch in Estland kämpfenden und auf Ösel und Dagö stehenden sowjetischen Truppen ab, deren Versorgung nun die Hauptaufgabe der Baltischen Flotte wurde. Zur Unterbindung der Transporte wurden *Ju-88* der Küstenfliegergruppe 806 eingesetzt, die am 8. August in der Loksa-Bucht den Zerstörer *Karl Marks* zum Sinken brachten (Bild links).

Am gleichen Tag begannen deutsche und finnische Minenleger mit der Auslegung der „Juminda"-Minensperren. Bei den Versorgungsfahrten zu dem auf immer engerem Raum um Reval zusammengedrängten sowjetischen X. Korps sanken 5 Minensucher und mehrere Transporter auf den Minen, ehe am 27. August der Befehl zur Räumung Revals gegeben wurde. 42 der 153 beteiligten sowjetischen Kriegs- und Handelsschiffe gingen durch Luftangriffe und Minentreffer verloren, darunter 18 von 21 Transportern. Kleinfahrzeuge, welche die Masse der Schiffe ausmachten, retteten aber 12 160 Mann von gesunkenen Schiffen, während rund 6000 auf den Schiffen Kronstadt erreichten.

Bei der Räumung Hangös von Oktober bis Dezember sanken 25 von 88 eingesetzten Schiffen mit rund 4000 Mann auf Minen, 23 000 erreichten Kronstadt. Am 3. Dezember mußten Minensucher nach der Bergung von 650 Mann den auf vier Minen gelaufenen Transporter *Iosif Stalin* zurücklassen, der mit 2000 Mann und vielen Toten von deutschen Vorpostenbooten eingeschleppt wurde (Bild links unten).

Im September schlossen deutsche und finnische Truppen Leningrad ein, das nur noch über den Ladoga-See – im Winter auf einer Eisstraße – mühsam versorgt werden konnte. Die Verteidiger Leningrads wurden durch die Artillerie der Schlachtschiffe, Kreuzer und Zerstörer sowie aus Schiffsbesatzungen gebildete Marine-Brigaden unterstützt. Auf dem Bild oben rechts steht ein sowjetischer Kapitän 3. Ranges neben der Flakstellung an einer Newabrücke. Um die Schiffsartillerie auszuschalten, griffen vom 21. bis 24. September Stukas an und trafen die Schlachtschiffe *Marat* und *Oktjabrskaja Revoljucija* (Bild unten rechts vor Kronstadt) sowie andere Schiffe schwer.

Nach dem Aufgehen des Eises im Frühjahr 1942 wurden neue deutsch-finnische Minensperren im Ost- und Westteil des Finnenbusens gelegt, die aber den Ausbruch sowjetischer U-Boote in die Ostsee nicht verhindern konnten. Diese versenkten 20 Schiffe, darunter mehrere schwedische, und beschädigten 8. Auf sowjetischen U-Boot-Minen sanken weitere Schiffe. 1943 legten die Deutschen eine Netzsperre aus, die weitere Ausbrüche bis Herbst 1944 verhinderte.

Gravierend war für die Deutschen die 1942 beginnende und ab 1943 verschärfte Minenoffensive britischer Flugzeuge, die durch die notwendigen Minensucharbeiten oft Sperrungen der Zwangswege, aber auch zunehmende Verluste verursachte. Das obere Bild zeigt einen im August 1942 durch eine sowjetische U-Boot-Mine vor Swinemünde gesunkenen Frachter, das Bild darunter den am 2. Mai 1943 vor Gedser auf eine Luftmine gelaufenen deutschen Passagierdampfer *Gneisenau*.

Das Schwarze Meer
22. Juni 1941 – 31. August 1944

Der Angriff deutscher und rumänischer Armeen gegen die Ukraine konnte von See her keine Unterstützung erwarten, da die sowjetische Schwarzmeer-Flotte die absolute Seeherrschaft besaß. Schon im August 1941 aber war sie gezwungen, sich auf die Versorgung der eingeschlossenen Hafenstadt Odessa zu konzentrieren und im Oktober zunächst einen großen Teil der Einwohner und am 15. und 16. Oktober 35 000 Verteidiger in einer gelungenen Operation zu evakuieren. Zugleich begann die deutsche Belagerung der Festung Sewastopol. Zur artilleristischen Unterstützung der Verteidiger, zum Antransport von Verstärkungen und zum Abtransport von Verwundeten mußte die Schwarzmeer-Flotte alle ihre Kräfte anspannen. Im Dezember unternahm die Flotte eine groß angelegte umfassende Landungsoperation in den Hafen von Feodosija sowie an die Nord- und Ostküste der Halbinsel Kertsch, um die dort stehenden deutschen Truppen abzuschneiden und den Belagerungsring um Sewastopol vom Rücken her aufzubrechen. Die Deutschen mußten Kertsch aufgeben, konnten sich jedoch der drohenden Umklammerung entziehen und eine Sperrstellung halten. Bei den erbitterten Kämpfen erlitten beide Seiten große Verluste. Das Bild unten zeigt Einwohner der Halbinsel Kertsch, die nach der Rückeroberung unter den Gefallenen nach Angehörigen suchen.

Die Einsätze der sowjetischen U-Boote gegen den Verkehr unter der rumänisch-bulgarischen Küste fanden in den dort ausgelegten Flankenminensperren ein viele Verluste verursachendes Hindernis.

Nach der Räumung von Nikolajew mit den Großwerften am 16. August und der Einschließung Sewastopols Ende Oktober 1941 verlor die sowjetische Schwarzmeer-Flotte ihre Hauptbasen und mußte nun von nur unzulänglich ausgestatteten Kaukasus-Häfen aus operieren. Nicht alle der in Sewastopol zur Reparatur von Kampfschäden liegenden Schiffe konnten rechtzeitig abgeschleppt werden. Bei Stuka-Angriffen des IV. Fliegerkorps im November wurden dort der Kreuzer *Chervona Ukraina,* der nach einem Minentreffer im Juni gesunkene, aber gehobene Zerstörer *Bystryj* und der Neubau *Sovershennyj* (Bild oben) schwer getroffen und sanken auf Grund. Aber alle fahrbereiten sowjetischen Schiffe, vom Schlachtschiff bis zu Zerstörern und sogar U-Booten, setzten zusammen mit den wenigen schnellen Transportern ihre Fahrten zwischen den Kaukasus-Häfen und Sewastopol fort, brachten Truppen heran, beschossen die deutschen Stellungen und liefen mit Verwundeten zurück.

Nachdem die deutsche 11. Armee im Mai 1942 die drei Armeen der sowjetischen Krim-Front auf der Halbinsel Kertsch vernichtet hatte, trat sie am 7. Juni zum von schwerster Artillerie und der Luftwaffe unterstützten Angriff auf das seit mehr als sieben Monaten belagerte Sewastopol an. In zwei bis sechs Fahrten brachten der Kreuzer *Molotov,* 6 Zerstörer und 2 Transporter nochmals mehr als 10 000 Mann frischer sowjetischer Truppen in die Festung und evakuierten Verwundete. Die beiden Transporter und 3 der Zerstörer wurden versenkt. In einer letzten Anstrengung nahm der Zerstörer *Tashkent* am 27. Juni weitere 2300 Verwundete und Zivilisten an Bord. Zahlreiche Bomben-Nahtreffer verursachten Lecks, durch die 1900 t Wasser in das nur 3200 t große Schiff drangen. Nach Abbergen von 1975 Menschen erreichte es mit letzter Kraft Noworossijsk, sank auf Grund und wurde am 2. Juli endgültig zerbombt. Das Bild rechts zeigt das Wrack der *Tashkent* nach der Besetzung des Hafens durch deutsche Truppen am 9. September.

Inzwischen waren von Kertsch aus die deutsche 46. und die rumänische 3. Infanterie-Division auf der Taman-Halbinsel gelandet, um die von Norden auf den Kaukasus vorrückenden deutschen Verbände zu unterstützen. Auf dem Bild rechts oben werden rumänische Truppen von im Hintergrund liegenden deutschen Siebel-Fähren aus mit Schlauchbooten gelandet.

Aber dank der mit den letzten verfügbaren Schiffen der Schwarzmeer-Flotte aus dem Transkaukasus herangeführten Reserven gelang es den Sowjets, den deutschen Angriff bei Noworossijsk zu stoppen und Landungen durchzuführen. Weiter als bis hier konnten die Deutschen an der Schwarzmeerküste nicht mehr vordringen.

Mit der Einschließung der deutschen 6 Armee in Stalingrad im Spätherbst 1942 wendete sich das Blatt auch am Schwarzen Meer. Nicht nur die sowjetischen U-Boote sondern auch Überwasserschiffe wie der links abgebildete Minensucher *Iskatel,* stießen bis an die rumänische Schwarzmeer-Küste und an die Krim vor, um deutsch-rumänische Nachschubgeleite abzufangen. Bei einer solchen Unternehmung am 6. Oktober 1943 fielen 3 der 7 noch einsatzbereiten Zerstörer Angriffen deutscher Stukas zum Opfer, was Stalin veranlaßte, weitere Einsätze der Überwasserschiffe zu untersagen, weil man die verbliebenen Einheiten für die geplante Wiederaufnahme eines großen Flottenbauprogramms ab Ende 1944 als Ausbildungsschiffe benötigte.

Im Frühjahr 1944 erreichten die Offensiven der Roten Armee den Dnjestr. Um der Einschließung zu entgehen, evakuierten die Deutschen 9300 Verwundete, 14 845 Soldaten und 54 000 t Material mit Fährprähmen und Kleinfahrzeugen aus Odessa. Die am 8. April von einem Boot der 3. Räumbootflottille gemachte Aufnahme links gibt davon ein Bild. Nach dem sowjetischen Durchbruch auf die Krim ließ sich Sewastopol nicht lange halten. Trotz Hitlers Weigerung, eine rechtzeitige Räumung einzuleiten, wurden über 150 000 deutsche und rumänische Soldaten über See und auf dem Luftweg evakuiert, 8100 kamen an Bord von Schiffen um, die durch Flieger, Schnellboote und U-Boote versenkt wurden, 78 000 blieben als Tote und Gefangene zurück. Auf dem Bild rechts stürmen sowjetische Marine-Infanteristen Sewastopol, auf dem Bild unten landen mit evakuierten deutschen Soldaten überladene Fährprähme in Konstanza.

Im Nordmeer und vor Norwegen

22. Juni 1941 – 8. Mai 1945

Für Churchill war es ein wichtiges Anliegen, durch eine Bedrohung Norwegens starke deutsche Kräfte zu binden. Ein erster Raid wurde am 3. und 4. März 1941 gegen die Lofoten geführt, bei dem 7 deutsche Transporter eines Geleitzuges versenkt wurden und ein Enterkommando des Zerstörers *Somali* von dem manövrierunfähig geschossenen Vorpostenboot *Krebs* geheimes Material erbeutete, das den Engländern den Einbruch in das Marine-„Enigma"-Schlüsselverfahren ermöglichte (siehe Seite 50). Das vom Achterschiff der *Somali* aufgenommene Bild oben zeigt die in Brand geschossenen Fischverarbeitungsanlagen von Svolvaer auf den Lofoten.

Hitlers Furcht vor einer Bedrohung Norwegens, die durch einen neuen Raid im Dezember 1941 genährt wurde, ließ ihn auf eine Verlegung schwerer Schiffe nach Norwegen drängen. Als nach Beginn des deutschen Angriffs auf die Sowjetunion im Herbst 1941 erkannt wurde, daß die Briten begonnen hatten, von Island durch das Nordmeer Konvois mit Hilfsgütern nach Archangelsk und Murmansk zu schicken, sah die deutsche Seekriegsleitung hier Möglichkeiten für erfolgversprechende Einsätze von Überwasserschiffen. Von Januar bis März 1942 wurden alle verfügbaren schweren Schiffe nach Norwegen verlegt und dort die Zahl der U-Boote sowie die Luftwaffe verstärkt. Vom 5. bis 13. März versuchten U-Boote, 4 Zerstörer und die *Tirpitz,* britische Konvois zu finden. Durch „Ultra"-Funkentschlüsselung vorgewarnt, konnten diese ausweichen, aber die britischen Deckungsgruppen kamen an die *Tirpitz,* von einem erfolglosen Träger-Luftangriff abgesehen, nicht heran. Beim nächsten Vorstoß mit 3 Zerstörern gegen einen Konvoi wurde *Z 26* am 29. März im Schneetreiben durch den britischen Kreuzer *Trinidad* lahm geschossen und nach Bergung von 88 Mann der Besatzung durch *Z 24* und *Z 25* aufgegeben. Die übrigen 243 Mann verloren ihr Leben. Das Bild rechts zeigt das brennende, im Sinken begriffene Schiff.

Inzwischen war die deutsche Luftwaffe in Nordnorwegen durch *Ju-88*-Bomber und *He-111*-Torpedoflugzeuge der KG.26 und 30 verstärkt worden. Eine Operation gegen das Konvoi-Paar PQ.14 und QP.10 vom 11. bis 17. April 1942 endete mit der Versenkung von je 2 Schiffen durch deutsche Flugzeuge und U-Boote, während die 3 ausgelaufenen Zerstörer keine Ziele fanden. Aber Stuka-Angriffe gegen Murmansk richteten weitere Schäden an.

Mit dem nächsten West-Konvoi QP.11 lief der Kreuzer *Edinburgh* von Murmansk aus. Er wurde am 30. April durch *U 456* torpediert. 3 gegen den Konvoi angesetzte deutsche Zerstörer konnten sich gegen die Nahsicherung nicht durchsetzen und versenkten nur ein Schiff, sie fanden dann aber die havarierte *Edinburgh*. In einem heftigen Gefecht in Schneeschauern torpedierten *Z 24* und *Z 25* den Kreuzer und beschädigten mit ihrer Artillerie zwei Zerstörer schwer, doch wurde das Führerboot *Hermann Schoemann* noch von der todwunden *Edinburgh* getroffen und mußte ebenso wie der Kreuzer aufgegeben werden. Flugzeuge versenkten aus dem PQ.15 drei Schiffe. Der Kreuzer *Trinidad*, der sich beim PQ.13 mit einem durch Vereisung zum Kreisläufer gewordenen Torpedo selbst getroffen hatte, wurde nach behelfsmäßiger Reparatur in Murmansk auf dem Rückmarsch am 14. Mai durch *Ju 88* des KG.30 zum Sinken gebracht, was das Bild rechts zeigt.

Während der QP.12 Ende Mai ungeschoren durchkam, verlor der PQ.16, nachdem er dank der „Ultra“-Funkentzifferung um eine U-Boot-Aufstellung herumgeführt worden war, am 26. und 27. Mai durch Luftangriffe 7 mit 147 Panzern, 77 Flugzeugen und 770 Fahrzeugen beladene Frachter.

Der nächste Konvoi PQ.17 war wegen eines Malta-Konvois im Juni 1942 auf Anfang Juli verschoben worden. Dieses Mal sollten außer den U-Booten und Flugzeugen auch alle verfügbaren deutschen Überwasserschiffe eingesetzt werden. Der Konvoi wurde, abgesehen von seiner U-Boot-Sicherung, von der durch eine US-Kampfgruppe verstärkten „Home Fleet“ mit einer Kreuzer- und einer Schlachtschiff-Träger-Gruppe zwischen Island und der Bären-Insel gedeckt. Aus Schweden hatte die britische Admiralität von den deutschen Absichten erfahren, was den Ersten Seelord am Abend des 4. Juli veranlaßte, die Auflösung und Zerstreuung des Konvois zu befehlen, mit verheerenden Folgen: deutsche U-Boote und Flugzeuge versenkten 24 der 36 Schiffe mit 430 Panzern, 210 Flugzeugen, 3350 Fahrzeugen und 99 316 t Material an Bord, während die deutschen Überwasserschiffe zurückgerufen wurden.

Den PQ.18, der wegen eines Malta-Konvois erst im September laufen konnte, sicherte ein Geleitträger mit 16 Flottenzerstörern. Trotzdem verlor er durch U-Boote 3 und durch Flugzeuge 10 Schiffe. Im Bild oben ist er am 14. September zu sehen, während ein getroffener Tanker explodiert.

Das Ausbleiben des PQ.18 veranlaßte die deutsche Führung im August 1942 zu einer Unternehmung mit der *Admiral Scheer* und zwei U-Booten in die Kara-See, um dort sowjetische Konvois auf der Nordost-Passage abzufangen. Doch kam die *Scheer* wegen der Eislage nicht an die von ihrem Bordflugzeug gesichteten Konvois heran und konnte nur den Eisbrecher *Sibirjakov* nach tapferer Gegenwehr versenken. Das Bild links zeigt den Einschlag eines Geschosses des Eisbrechers unmittelbar neben der *Scheer.* Mit ihrem Angriff auf den Stützpunkt Dikson beschädigte die *Scheer* am 27. August neben den Landanlagen ein großes Wachschiff und 2 Dampfer.

Bei einer mit der *Lützow* 1943 geplanten Wiederholung betankte *U 255* an der Ostküste von Nowaja Semlja ein *BV-138*-Flugboot (Bild oben). Vier Flüge bis zur Wilkizki-Straße fanden aber keine Ziele, die den Ansatz der *Lützow* erlaubt hätten. So blieb es 1943 und 1944 Sache der U-Boote, auf dem Sibirischen Seeweg mit Torpedos und Minen Schiffe zu versenken.

Im September 1943 führten die *Tirpitz* und die *Scharnhorst* mit 9 Zerstörern einen Raid gegen Spitzbergen. Während die *Scharnhorst*-Gruppe die Anlagen in Grönfjord und der Advent Bay zerstörte, schoß die *Tirpitz* Barentsburg in Brand, was das vom Deck des Schlachtschiffes aufgenommene Bild rechts oben zeigt.

Um Aufschluß über die kommende Wetterentwicklung zu gewinnen, wurden von deutschen U-Booten automatische Wetterstationen auf Inseln im Nordmeer und in Labrador aufgebaut, Langstreckenflugzeuge flogen Wettererkundung, und zu Wetterbeobachtungsschiffen umgerüstete Trawler wurden ins Packeis an der Ostküste Grönlands entsandt. Als letztes derartiges Schiff mußte sich am 16. Oktober 1944 die *Externsteine* zwei Eisbrechern der US Coast Guard ergeben (Bild unten).

In der Silvesternacht 1942/43 scheiterte ein Angriffsversuch der Kreuzer *Admiral Hipper* und *Lützow* mit 6 Zerstörern gegen den Konvoi JW.51B an der geschickten Abwehr. Hitler löste Großadmiral Raeder durch Admiral Dönitz ab, der Hitler von der beabsichtigten Außerdienststellung der schweren Schiffe abbrachte. Die britische Admiralität hatte wegen der Lage im Atlantik den Konvoi-Verkehr nach Murmansk für den Sommer 1943 unterbrechen müssen. Vor dem Wiederbeginn suchte sie die schweren deutschen Schiffe mit einem Klein-U-Boot-Angriff auszuschalten, bei dem aber nur die im Altafjord liegende *Tirpitz* beschädigt wurde. Als die deutsche Luftaufklärung und U-Boote Ende Dezember 1943 den Konvoi JW.55B meldeten, lief die *Scharnhorst* mit 5 Zerstörern zum Angriff aus. In der Polarnacht und bei schwerem Wetter drängten 3 britische Kreuzer die *Scharnhorst* ab und führten das Schlachtschiff *Duke of York* heran. Dessen radargelenktes Feuer und Torpedos der Zerstörer brachten die *Scharnhorst* am 26. De-

zember zum Sinken. Auf dem Bild links oben sieht man den beteiligten Zerstörer *Saumarez* vor dem Kola-Fjord, auf dem Bild links die geretteten 36 Überlebenden der *Scharnhorst,* in einem englischen Hafen in Gefangenschaft gehend. 1803 ihrer Kameraden sind an diesem 2. Weihnachtstag im Eismeer ertrunken.

Im Herbst 1943 wurden die Luftangriffe des RAF Coastal Command von Schottland und den Shetlands gegen den deutschen Geleitverkehr unter der norwegischen Westküste intensiviert. Im Oktober führten Flugzeuge von dem an die „Home Fleet" ausgeliehenen US-Träger *Ranger* aus einen ersten massiven Angriff gegen den Verkehr vor dem Westfjord, den das Coastal Command mit seinen Flugzeugen nicht erreichen konnte. Die Luftwaffe der sowjetischen Nord-Flotte wurde durch Lend-Lease-Lieferungen mit modernen Flugzeugen verstärkt und griff zunehmend die Geleite vor der Polarküste an. Die deutschen Jagdfliegerkräfte in Norwegen waren zu schwach, um neben der Sicherung der Flotte auch allen Geleiten ausreichenden Jagdschutz zu geben. Immer häufigere Totalverluste und sinkende Transportkapazität waren die Folge. Auf dem Bild oben greifen *Beaufighters* des Coastal Command an der norwegischen Westküste ein Geleitfahrzeug eines deutschen Konvois mit Raketen an.

Die norwegische Küste, die sich von Oslo über rund 2000 Seemeilen bis Kirkenes erstreckt, war einerseits der Hauptnachschubweg für die an der Lapplandfront stehende deutsche Gebirgsarmee und die in Nordnorwegen stationierten Fliegerverbände sowie die Flotteneinheiten und U-Boote, und andererseits – wenn der Bottenbusen im Winter zugefroren war – die Route, auf der das schwedische Erz von Narvik nach Deutschland transportiert wurde. Weder die 2527 km lange, unter größten Mühen fertiggestellte von Oslo durch die norwegischen Gebirge und um die tief einschneidenden Fjorde führende Eismeerstraße nach Kirkenes, noch die durch Nordfinnland führenden Straßen konnten von ihrer Kapazität her die Seeroute ersetzen. Die zerklüftete Gebirgsküste mit ihren unzähligen vorgelagerten Felsinseln und Fjorden bot den Schiffen manche durch Flakbatterien geschützte Schlupfwinkel, wo die schließlich nur noch nachts fahrenden deutschen Geleite tagsüber Schutz suchten, wie es das Bild oben veranschaulicht.

Dort, wo die Route nicht innerhalb der vorgelagerten Inseln geführt werden konnte, wurden – wenn die Wassertiefen es erlaubten – Flanken-Minensperren ausgelegt, um die Konvois zu schützen.

Vor Südwest- und Westnorwegen ging die Hauptgefahr von den britischen und einigen frei-französischen, niederländischen und norwegischen U-Booten aus, die hier meist nach ihrer Indienststellung ihre ersten Feindfahrten absolvierten. Ab 1942 kamen gelegentlich Angriffe norwegischer Motortorpedoboote hinzu, die von den Shetlands aus operierten und sich oft hinter Inseln oder in Fjorden verbargen. Ab Herbst 1943 wurden die erwähnten Luftangriffe immer gefährlicher. Der Ansatz dieser Kräfte wurde durch die britische „Ultra"-Funkentschlüsselung unterstützt, da der deutsche Funkverkehr in dem ständig entzifferten Bereich „Heimisch" oder „Hydra" abgewickelt wurde.

Vor Nordnorwegen war die deutsche Schiffahrt vor allem sowjetischen U-Boot-Angriffen mit Torpedos und Minen ausgesetzt, doch überschätzten die Kommandanten ihre Erfolge erheblich, weil die Torpedos oft an Felsen hinter den anvisierten Schiffen detonierten. So gingen 1943 trotz etwa 100 beobachteter U-Boot-Kontakte und -Angriffe nur 10 Schiffe und 8 Geleitfahrzeuge verloren, was 0,7 % der geleiteten 6 300 000 BRT Schiffsraum entsprach.

1944 führten die Sowjets kombinierte Operationen durch: Abgesetzte Agenten oder die Luftaufklärung meldeten die Konvois, gegen die dann außerhalb der deutschen Minensperren wartende U-Boote an vorspringenden Kaps und vor der Varanger-Halbinsel auch Schlacht- und Torpedoflugzeuge sowie Motortorpedoboote angesetzt wurden. Auch hier überstiegen die Verluste kaum 1 % des geleiteten Schiffsraums.

Zur Sicherung des deutschen Geleitverkehrs standen Zerstörer meist nur bei ihren Verlegungsmärschen zur Verfügung. Die kampfkräftigsten Einheiten waren die Minensuchboote vom Typ 35 und Typ 40 sowie drei ehemals holländische Kanonenboot-Neubauten. Die Hauptlast hatten jedoch die zu Vorpostenbooten und U-Jägern hergerichteten Fischdampfer und Walfänger zu tragen. Das Bild unten zeigt als Beispiel den mit einem Geleit vor Anker liegenden U-Jäger *UJ 1709* (ex Fischdampfer *Westpreußen*) im Juli 1944 im südnorwegischen Fede-Fjord.

Diese Boote waren anfangs nur relativ leicht bewaffnet, so daß zum Beispiel am 3. Dezember 1941 das große sowjetische U-Boot *K-3* vor Rolvsöy nach einem fehlgeschlagenen Torpedoangriff auftauchte, den U-Jäger *UJ 1708* mit seinen zwei 10-cm-Kanonen versenkte und entkam. Wegen der zunehmenden Luftbedrohung wurden die Vorpostenboote und U-Jäger mit einem 10,5- oder 8,8-cm-Geschütz und auf überhöhenden Ständen mit 3,7- und 2-cm-Flak in Einzel-, Zwillings- oder Vierlingslafetten ausgerüstet. Wasserbombenwerfer und Wabos auf Abrollbahnen am Heck waren das U-Jagd-Potential, doch waren meist nur die U-Jäger mit einem Ultraschall-Ortungsgerät ausgerüstet.

Gegen die Gefahren durch die von sowjetischen U-Booten an der Polarküste und wiederholt von dem frei-französischen U-Boot *Rubis* (dem erfolgreichsten Minen-U-Boot des Krieges) an der Westküste ausgelegten Minensperren wurden ebenfalls aus Fischdampfern hergerichtete Hilfsminensucher und später auch Räumboote verwendet. Allein durch eine bei einem einzigen Einsatz von *Rubis* im September 1944 in der Feiestein-Rinne vor Stavanger gelegte Minensperre sanken zwei große Frachter mit zusammen 11044 BRT und zwei deutsche Begleitfahrzeuge. Fast 200 Seeleute kamen dabei ums Leben.

Insgesamt gingen von 1940 bis Anfang 1945 von 30,5 Mio BRT geleitetem Schiffsraum vor Norwegen nur 0,5 % verloren, und davon der größte Teil erst im letzten Kriegsjahr.

Von August 1944 bis Mai 1945 liefen in beiden Richtungen je 8 stark gesicherte alliierte Murmansk-Konvois. Von ihren 442 Schiffen gingen nur 8 verloren, aber die deutschen U-Boote versenkten und torpedierten auch 12 Geleitfahrzeuge. Das links abgebildete „Liberty"-Schiff des in schwerem Sturm nach England laufenden RA.65 wurde im März 1945 von Bord des Geleitträgers *Campania* aus aufgenommen.

Die sowjetische Nordflotte erhielt 1944 und 1945 von England 1 Schlachtschiff, 9 Zerstörer und 4 U-Boote als Anteil an der italienischen Kriegsbeute und von den USA als Lend-Lease-Lieferung 10 Minensucher, rund 50 Torpedoschnellboote und 36 U-Jäger. Einen von ihnen, *BO 220* (ex USS *SC 1490*), zeigt das Bild oben während der großen Landungsoperation bei Kirkenes im Oktober 1944.

Auf der vorhergehenden Seite ist die im Juli 1944 von einem britischen Aufklärer gemachte Luftaufnahme des im norwegischen Kaa-Fjord liegenden Schlachtschiffes *Tirpitz* abgebildet.

Die von der im Januar 1942 von Wilhelmshaven nach Trondheim verlegten *Tirpitz* ausgehende Bedrohung für die Murmansk-Konvois zwang die britische Admiralität, jedem Konvoi-Paar eine aus mindestens 2 Schlachtschiffen bestehende Fernsicherungsgruppe beizugeben. Um die Bedrohung auszuschalten, wurden am 30. März, 27. und 28. April vom RAF Bomber Command mit 33, 43 beziehungsweise 34 *Halifax-* und *Lancaster-*Bombern Angriffe auf die *Tirpitz* im Fötten-Fjord geflogen, die bei 7 Verlusten aber ergebnislos blieben. Der bei der dann abgebrochenen PQ.17-Operation von dem sowjetischen U-Boot *K 21* auf die *Tirpitz* gefahrene Angriff wurde von dieser nicht bemerkt.

Im März 1943 wurden die schweren deutschen Schiffe in den Alta-Fjord verlegt, was mit zur Unterbrechung der Murmansk-Konvois im Sommer 1943 beitrug. Um die durch den Raid gegen Spitzbergen unterstrichene Gefahr für die Winter-Konvois zu beseitigen, wurden von den Engländern 6 Klein-U-Boote nach Nordnorwegen geschleppt, aber nur *X 6* und *X 7* konnten am 22. September 1943 ihre Minen unter der *Tirpitz* legen, die durch die Explosionen sechs Monate ausfiel.

Nach einem sowjetischen Angriff auf die *Tirpitz* am 14. Februar 1944, bei dem nur 4 von 12 Bombern ihr Ziel erreichten und einen Nahtreffer landeten, führten die britischen Träger *Victorious* und *Furious* mit 4 Geleitträgern am 3. April einen ersten Raid mit 41 *Barracudas,* bei dem sie 14 Treffer erzielten, die das Schlachtschiff schwer beschädigten und 108 Tote und 284 Verwundete kosteten. Weitere sieben ähnliche Angriffsversuche von Mai bis August 1944 scheiterten.

Ein Angriff von 28 nach Rußland verlegten *Lancaster-*Bombern der britischen Luftwaffe mit 6-t-„Tallboy"-Bomben am 15. September 1944 führte zur Verlegung der *Tirpitz* in den Lyngen-Fjord bei Tromsö. Nach einem fehlgeschlagenen neuen Angriff am 29. Oktober trafen schließlich am 12. November 21 in Schottland gestartete *Lancasters* das Schlachtschiff mit mehreren „Tallboy"-Bomben. Die *Tirpitz* kenterte. 902 Besatzungsangehörige kamen ums Leben, 880 wurden gerettet. Das Bild unten zeigt das Wrack nach dem Kriege im Lyngen-Fjord.

Krieg im Pazifik I

7. Dezember 1941 – 31. Juli 1942

Mit dem japanischen Überraschungsangriff auf Pearl Harbor, von dem das Bild oben mit dem brennenden US-Schlachtschiff *Arizona* eine Vorstellung gibt, begann am 7. Dezember 1941 der Krieg im Pazifik. Spätestens seit dem Vertrag von Washington 1922 hatten sich die USA und Japan als potentielle Gegner gesehen. Die US-Kriegspläne „Orange" und die japanische Konzeption einer „Seeschlacht aus der Lauerstellung" gingen von der Annahme eines amerikanischen Flotten-Vorstoßes durch die Inselwelt des von den Japanern als Mandat verwalteten früheren deutschen Kolonialgebietes im Zentral-Pazifik aus, mit dem die Verbindung zu den Philippinen wiederhergestellt werden sollte. Die Eskalation der Spannungen seit der Errichtung des Satellitenstaates Mandschukuo durch Japan 1931 und Japans Ausgreifen auf den chinesischen Kontinent ab 1937 war durch Verhandlungen nicht zu überbrücken. So gewann in Japan die Idee der Errichtung einer „Großostasiatischen Wohlstands-Sphäre" unter Einschluß der rohstoffreichen europäischen Kolonien in Südostasien immer mehr Zustimmung.

Admiral Yamamoto, der japanische Flottenchef, sah für eine große Offensive zur Eroberung der südostasiatischen Rohstoffgebiete die größte Gefahr in der US-Pazifik-Flotte, die Präsident Roosevelt 1940 nach Hawaii in den Kriegshafen Pearl Harbor verlegt hatte. Gegen den Widerstand des Admiralstabes setzte Yamamoto im Sommer 1941 die Aufnahme eines überraschenden Träger-Luftangriffes auf Pearl Harbor in den Kriegsplan durch. Er faßte die 6 modernsten Träger mit 432 Flugzeugen, 2 Schlachtkreuzer, 2 Schwere Kreuzer und das neueste Zerstörergeschwader zu einer Kampfgruppe zusammen und stellte die übrige Flotte für die Unterstützung der Landungen der Südoperation bereit.

Die amerikanische Funkaufklärung hatte nicht nur den „Purple" genannten Maschinenschlüssel für den japanischen diplomatischen Funkverkehr gelöst, sondern war auch in das JN-25 genannte überschlüsselte Codesystem der japanischen Flotte eingedrungen. Allerdings stand die Auflösung eines am 1. November 1941 eingeführten neuen Codebuches noch in den Anfängen. Aufgrund aller vorliegenden Nachrichten rechneten die amerikanischen Führungsstellen Anfang Dezember mit einem unmittelbar bevorstehenden japanischen Angriff in Südasien. Da die im Funkbild nicht auftretende Trägerkampfgruppe weder in ihrer Zusammensetzung erkannt noch im Nordpazifik lokalisiert war, blickten die Amerikaner gebannt nach Südasien, vernachlässigten aber alle indirekten Anzeichen für einen Angriff gegen Pearl Harbor. So traf der Angriff am 7. Dezember 1941 die Pazifik-Flotte unvorbereitet. In zwei Wellen zerstörten die Flugzeuge der Japaner die auf den Flugplätzen aufgestellten amerikanischen Flugzeuge und trafen die 8 im Hafen liegenden Schlachtschiffe mit ihren Bomben und Torpedos. Die *Arizona* war nach 30 Minuten ein rauchendes Wrack. Die oben abgebildete *California* sank nach Torpedotreffern auf Grund. Drei weitere Schlachtschiffe wurden versenkt, die drei übrigen und zahlreiche kleinere Schiffe schwer beschädigt. 2403 Mann waren tot, 1178 verwundet.

Während die 8 Schlachtschiffe der US-Pazifik-Flotte in Pearl Harbor ausgeschaltet waren, blieben die in See befindlichen beiden Flugzeugträger und die meisten Kreuzer, vor allem aber die logistischen Anlagen in Pearl Harbor intakt.

Als sich die Anzeichen für den bevorstehenden japanischen Angriff gegen Südasien mehrten, konnte Churchill den schwachen amerikanisch-britisch-niederländisch-australischen (ABDA-) Kräften in dem bedrohten Raum wegen der Ausfälle im Mittelmeer (siehe Seite 63) nur das Schlachtschiff *Prince of Wales* und den alten Schlachtkreuzer *Repulse* zur Unterstützung und Deckung von Singapur schicken. Auf die Meldung über japanische Landungen an der Ostküste Malayas liefen die beiden Schiffe mit 4 alten Zerstörern aus, um die Japaner anzugreifen. Aufgrund von Fühlung-Meldungen japanischer U-Boote fanden in Indochina gestartete Aufklärer des japanischen 22. Marine-Flieger-Geschwaders den Verband am 11. Dezember 1941 und führten 27 zweimotorige Bomber und 61 Torpedoflugzeuge heran, die beide Schiffe in hervorragend koordinierten Angriffen versenkten. Auf dem Bild unten geht ein Zerstörer an der mit schwerer Schlagseite sinkenden *Prince of Wales* längsseits, um Überlebende zu bergen. Die Zerstörer retteten 2081 Mann.

Inzwischen hatten am Morgen des 8. Dezember 192 japanische Bomber und Jagdflugzeuge der 11. Marine-Luftflotte von Formosa aus die philippinischen Luftbasen Clark und Iba angegriffen und 12 amerikanische *B-17*-Bomber *(Flying Fortress)* sowie 30 Jagdflugzeuge am Boden zerstört. Zugleich griffen Flugzeuge der 5. Flieger-Division des Heeres die amerikanischen Flugplätze an der Nordküste der Philippinen-Insel Luzon an. Damit blieben nur noch die amerikanischen und niederländischen U-Boote für die Gegenwehr übrig.

Mit der Präzision eines Uhrwerkes liefen die Landungen der japanischen Truppen in Südasien ab: Sie begannen am 8. Dezember 1941 mit den Landungen von Teilen dreier Divisionen an der Ostküste Malayas. Auf dem Bild oben sieht man, wie japanische Marine-Infanteristen sich von Spezial-Landungsschiffen aus mit Booten dem unter Beschuß liegenden Strand nähern. Am 10. Dezember landeten Voraus-Abteilungen auf kleinen Inseln und an der Nordküste von Luzon, der Hauptinsel der Philippinen, um dort Flugplätze für die Heeres-Luftwaffe einzurichten, gefolgt von Truppen, die von Palau aus bei Legaspi zur Sperrung der San-Bernardino-Straße und bei Davao auf Mindanao im Süden der Philippinen an Land geworfen wurden. Am 22. Dezember landete die Masse der zur Eroberung von Luzon vorgesehenen 14. Armee in der Lingayen-Bucht. Am 31. Dezember ging die Masse der 25. Armee teils über Land durch Thailand, teils über See nach Malaya, wo sie durch den Dschungel nach Singapur vorging. Inzwischen waren kleine Gruppen an der Nordküste Borneos und auf der Insel Jolo südwestlich von Mindanao abgesetzt worden, um dort Flugplätze für die zweite Phase der japanischen Invasionen einzurichten. Deckungsgruppen mit Schlachtkreuzern, Schweren Kreuzern und Zerstörern standen bereit.

Im Januar 1942 begann die zweite Phase der japanischen Landungen, die sich nun vornehmlich gegen Niederländisch-Indien richteten. Fallschirmjäger sprangen auf der Nordspitze von Celebes und beim Erdölzentrum Palembang auf Sumatra ab, und an der Ostküste Borneos wurden die Ölhäfen Tarakan und Balikpapan besetzt. Am 15. Februar kapitulierte Singapur. Das nächste Ziel war Java.

Am 25. Februar 1942 verließen die japanische West-Gruppe mit 56 und die Ost-Gruppe mit 41 Transportern die Bangka- beziehungsweise die Makassar-Straße, während die Trägerflotte Position im Süden Javas bezog. Der Vorstoß einer gemischten

alliierten Kampfgruppe mit 5 Kreuzern und 9 Zerstörern wurde von den japanischen Deckungsgruppen abgefangen. Am 27. und 28. Februar vernichteten die Japaner in der Seeschlacht in der Java-See den alliierten Flottenverband, wobei etwa 1200 Überlebende aufgefischt wurden. Die japanische Landung auf Java (Bild oben) führte am 9. März zur Kapitulation der holländischen Verteidiger.

Anfang April unternahm die japanische Trägerflotte einen Angriff gegen Ceylon, bei dem der britische Träger *Hermes* (im Bild rechts brennend vor dem Untergang), zwei Kreuzer und zahlreiche Handelsschiffe versenkt wurden. Am 6. Mai 1942 mußten auch die amerikanischen Verteidiger der Inselfestung Corregidor in der Manila-Bucht kapitulieren. Die Japaner beherrschten nun die Philippinen, Indonesien, Singapur und Hongkong.

Die US-Pazifik-Flotte hatte inzwischen nach dem Ausfall ihrer Schlachtschiffe aus den vorhandenen Trägern, Kreuzern und Zerstörern Kampfgruppen gebildet, die zwar im Dezember 1941 den Fall der Insel Wake nicht verhindern konnten, aber ab Februar 1942 die Japaner mit Angriffen gegen ihre Positionen im Pazifik beunruhigten.

Als der erfolgreiche Abschluß der Eroberungen in Südasien absehbar war, setzten in Japan heftige Diskussionen um die zu verfolgende Strategie ein: Der Admiralstab wollte die Offensive mit einer Unterbrechung der Verbindung zwischen den USA und Australien fortsetzen. In der Vereinigten Flotte war eine Gruppe dafür, im Indischen Ozean die „British Eastern Fleet" zu stellen und dort die Seeherrschaft als Voraussetzung für den Angriff auf Indien oder zumindest Ceylon zu gewinnen. Yamamoto sah aber in den US-Trägern die größte Gefahr und wollte sie durch einen Angriff gegen die amerikanische Pazifikinsel Midway zur entscheidenden Schlacht herauslocken. Wie so oft endete die Diskussion mit der Annahme aller Pläne: im April Vorstoß in den Indischen Ozean, im Mai Gewinnung von Port Moresby auf Neuguinea, im Juni Midway und im Juli Fidschi, Samoa und Neukaledonien.

Noch während die japanische Trägerflotte auf dem Rückmarsch aus dem Indischen Ozean war, führte der amerikanische

Träger *Hornet* am 18. April 1942 aus der bisher undenkbaren Entfernung von 600 Seemeilen einen Raid mit zweimotorigen *B 25*-Bombern gegen Tokio und andere Städte.

Am 4. Mai verließ ein japanischer Invasionsverband Rabaul mit Kurs Port Moresby. Die Funkaufklärung hatte den Amerikanern Anzeichen für japanische Operationen im Korallen-Meer geliefert. Sie schickten daraufhin die Flugzeugträger *Yorktown* und *Lexington* dorthin. Am 7. Mai fanden sie die Deckungsgruppe der japanischen Landungsflotte und versenkten den kleinen Träger *Shoho.* Die Flugzeuge der japanischen Hauptflotte mit den Trägern *Zuikaku* und *Shokaku* vernichteten den US-Versorger *Neosho* und den Zerstörer *Sims.* Am 8. Mai griffen die gegnerischen Trägergruppen sich mit ihren Flugzeugen an: Die japanische *Shokaku* erhielt 3 Bombentreffer (Bild links), die USS *Lexington* mußte nach schweren Treffern aufgegeben werden und explodierte nach Bergung der Besatzung (Bild oben), die *Yorktown* wurde beschädigt. Die Schlacht im Korallen-Meer, bei der sich erstmals Flotten nur mit Trägerflugzeugen bekämpften, ohne daß ihre Schiffe einander sichteten, war für die Amerikaner trotz ihrer schwereren Verluste ein strategischer Erfolg: Die Japaner mußten den Landungsversuch im Süden Neuguineas aufgeben, ihr Vordringen im Südwestpazifik war gestoppt.

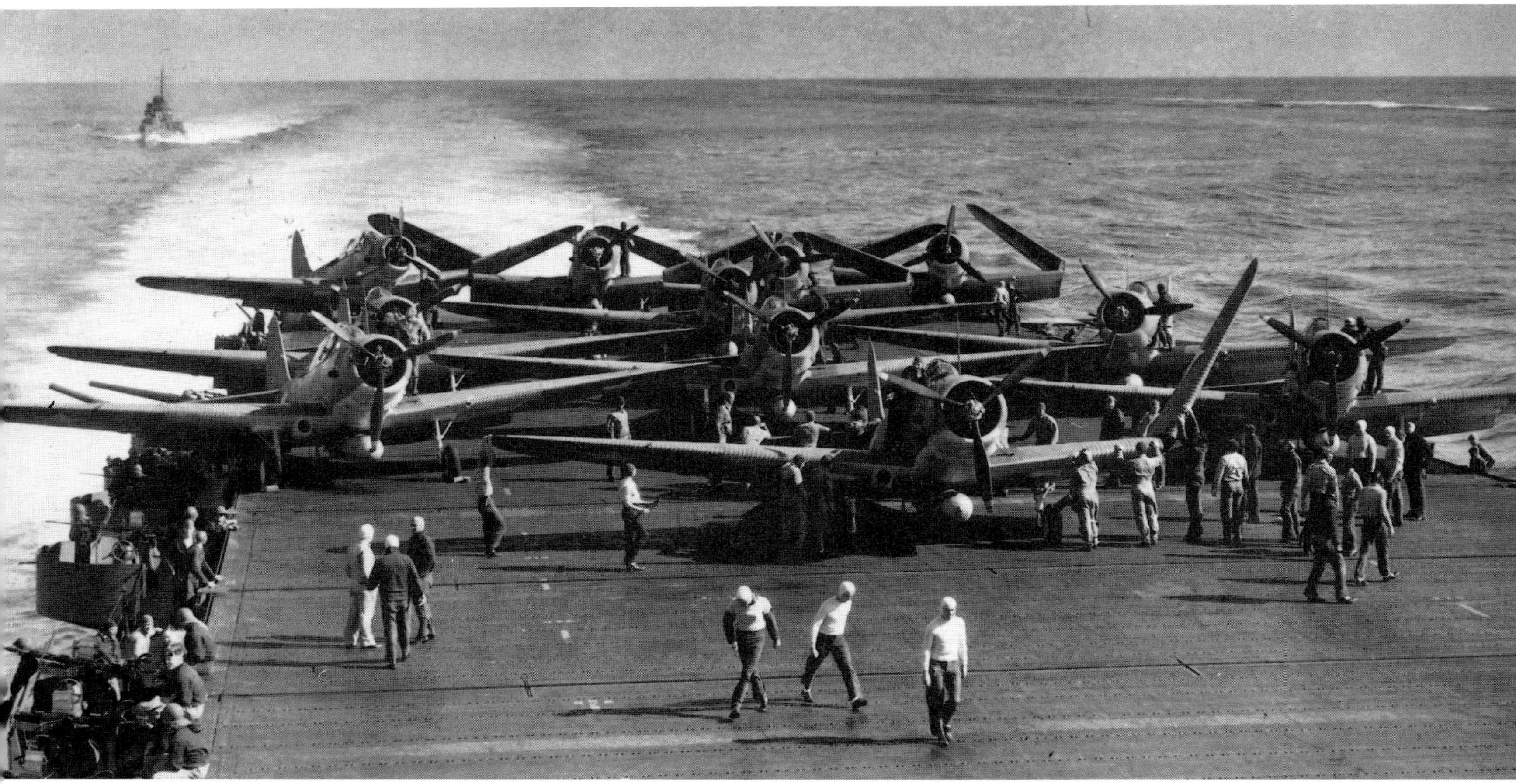

Die Beschädigung der *Shokaku* und der Verlust vieler Flugzeuge der *Zuikaku* bei der Seeschlacht im Korallen-Meer konnten Yamamoto nicht davon abhalten, den Angriff auf Midway auch mit einer um ein Drittel geschwächten Trägerflotte nach einem komplizierten Plan zu starten. Dieser sah einen Ablenkungsraid mit zwei leichten Trägern gegen Dutch Harbor auf den Alëuten und anschließend einen Angriff der Trägerflotte mit ihren vier Trägern gegen Midway vor, um die US-Träger aus Pearl Harbor herauszulocken und sie über eine U-Boot-Linie zu ziehen. Inzwischen sollte die Landungsflotte auf Midway landen, während die Alëuten-Gruppe, die Trägerflotte und die Schlachtflotte sich zur Entscheidungsschlacht gegen die Reste der amerikanischen Kampfgruppen versammelten.

Aber durch einen Trick hatte ein amerikanischer Intelligence-Offizier in Pearl Harbor die japanischen Funker zur Preisgabe ihres Angriffszieles veranlaßt. Der Chef der Pazifikflotte, Admiral Nimitz, konnte so seine beiden vom Tokio-Raid gekommenen Träger und die beschädigt aus dem Korallen-Meer zurückgekehrte und in Rekordzeit reparierte *Yorktown* rechtzeitig in eine die japanische Trägerflotte flankierende Position bringen, ehe die japanischen U-Boote eingetroffen waren. Der Ablenkungsraid gegen die Alëuten verfehlte somit seine Wirkung. Von der amerikanischen Luftaufklärung wurde die Landungsflotte schon am 3. Juni 1942 und die Trägerflotte kurz nach dem Start ihrer Flugzeuge am 4. früh entdeckt, so daß die auf Midway stationierten Flugzeuge in der Luft waren, als der japanische Angriff am 4. Juni die Insel traf. Infolge einer Katapultpanne auf einem Kreuzer entdeckte ein japanischer Aufklärer eine der amerikanischen Trägergruppen so spät, daß die Japaner ihre für einen zweiten Angriff auf Midway umgerüstete zweite Welle erst nach erfolgreicher Abwehr der Midway-Flugzeuge und Anbordnahme ihrer ersten Welle zum Angriff auf die US-Schiffe klarmachen konnten. Aber auch der Angriff der US-Trägerflugzeuge drohte fehlzuschlagen. Wegen der großen Entfernung mußten die Torpedoflugzeugstaffeln der drei Träger ohne Jagdschutz losfliegen und fielen, ohne einen Treffer zu erzielen, fast alle den japanischen *Zero*-Jägern zum Opfer.

Während die Sturzbomber der *Hornet* ihr Ziel verfehlten, trafen die der *Enterprise* und *Yorktown* fast gleichzeitig in dem Moment ein, als auf den japanischen Trägern der Start der vollbeladenen und betankten Staffeln begann und in den Hallendecks die zweite Welle neu ausgerüstet wurde. Da dort die Aufmerksamkeit auf die angreifenden amerikanischen Torpedoflugzeuge fixiert war, stürzten sich die Stukas fast ohne Gegenwehr auf die überraschten japanischen Träger und verwandelten in fünf Minuten die *Akagi, Kaga* und *Soryu* in feuerspeiende Vulkane. Die beiden letzteren sanken noch am 4. Juni, die *Akagi* am nächsten Morgen.

Nur die *Hiryu* war dem Angriff in einer Wolkenbank entgangen und startete nun ihre Flugzeuge. Die erste Welle mit 18 Stukas und 6 Jägern fand die *Yorktown,* deren Jagdschutz 15 Maschinen abschoß. Doch die restlichen 9 erzielten drei Bombentreffer. Die erfahrene „Damage Control" dichtete die Löcher im Flugdeck jedoch so schnell ab, daß die zweite Welle der *Hiryu* glaubte, einen anderen amerikanischen Träger anzugreifen. Zwei Torpedos trafen die *Yorktown* so schwer, daß sie von der Besatzung verlassen wurde.

Die Bilder zeigen links die *Devastator*-Torpedostaffel der *Enterprise* vor dem Start zum Einsatz am 4. Juni, von dem nur 4 Maschinen zurückkehrten, rechts die von der Besatzung verlassene *Yorktown* mit starker Schlagseite, darunter den am Nachmittag des 4. Juni nach seinen Angriffen auf die *Yorktown* von Bomben getroffenen Träger *Hiryu,* der am folgenden Tag sank.

Der Chef der japanischen Trägerflotte, Admiral Nagumo, der von der *Akagi* auf einen Kreuzer umgestiegen war, hoffte, in der folgenden Nacht mit seinen Schlachtschiffen und Kreuzern an die US-Träger heranzukommen. Als aber noch am Nachmittag die beiden intakten amerikanischen Träger die gerade ihre dritte Welle klarmachende *Hiryu* angegriffen und zerbombt hatten, entschloß er sich zur Umkehr. In der Nacht lief der amerikanische Admiral Spruance, der die taktische Führung übernommen hatte, mit seinen Trägern nach Osten ab, um sich nicht in ein Artilleriegefecht verwickeln zu lassen.

Admiral Yamamoto, auf seinem Flaggschiff *Yamato* weit vom Kampfplatz entfernt, entschloß sich zum Abbruch der Midway-Operation, als er vom Ausmaß der Katastrophe seiner Träger erfuhr. Der Versuch, noch mit 4 Schweren Kreuzern die Insel Midway zu beschießen, endete in der Nacht zum 5. Juni in einer Kollision der *Mogami* und *Mikuma* beim Ausweichen vor einem US-U-Boot, und am 6. folgten Luftangriffe amerikanischer Trägerflugzeuge auf die havarierten Schiffe, bei denen die *Mikuma* schließlich als zusammengeschlagener Trümmerhaufen sank (Bild unten), während die schwer beschädigte *Mogami* in einer seemännischen Meisterleistung eingebracht wurde. Die wiederbesetzte *Yorktown* wurde dagegen am Morgen des 7. Juni durch das japanische U-Boot *I 168* zusammen mit dem längsseits liegenden Zerstörer *Hammann* versenkt.

Die Japaner führten ihre als Abschluß der Operation geplante Landung auf den Aleuteninseln Attu und Kiska durch. In der Seeluftschlacht bei Midway verloren sie außer den genannten 4 Trägern und dem Kreuzer 253 Flugzeuge und 3500 Tote, darunter viele erfahrene Piloten, die Amerikaner dagegen einen Träger und einen Zerstörer, 150 Flugzeuge und 307 Mann.

Midway war der Wendepunkt des Krieges im Pazifik. Den Japanern sollte es nicht mehr gelingen, den Verlust ihrer erfahrensten Piloten auszugleichen und wieder eine Trägerflotte aufzubauen. Aber noch besaßen sie ihre Schlachtflotte.

Schlacht im Atlantik III

11. Dezember 1941 – 24. Mai 1943

Mit der Annullierung der im Rahmen des Z-Planes vorgesehenen Überwasserschiffe waren im September und Oktober 1939 von der deutschen Kriegsmarine als Mobilmachungs-Aufträge 164 neue U-Boote an die Werften vergeben worden. Der Baubeginn war von der Freimachung der unterschiedlich belegten Helgen auf den verschiedenen Werften abhängig. So wurden bis Ende 1939 tatsächlich 38, im ersten Halbjahr 1940 weitere 90, bis Ende 1940 weitere 94 und im Jahr 1941 dann 253 Boote auf Kiel gelegt.

Ihre Fertigstellung nahm unterschiedliche Zeit in Anspruch. Während die großen Werften meist zwischen zehn und vierzehn Monate für ein Boot benötigten, brauchten die nicht so erfahrenen kleineren teilweise bis zu zwanzig Monate. Im Jahre 1939 wurden 18 und im Jahr darauf 50 Boote, meist noch aus den Vorkriegsaufträgen, fertiggestellt. 1941 schnellte die Zahl auf 198, 1942 auf 238 hoch, was zuletzt einem Monatsdurchschnitt von etwa 20 Booten entsprach. Am regelmäßigsten waren die Ablieferungen der Hamburger Werft Blohm & Voß: Dort stellte man von Ende 1940 bis zum Juli 1943 jeden Donnerstag ein Typ-VIIC-Boot in Dienst. Schwieriger war es für die Kieler Germania-Werft, die außer Typ-VIIC-Booten auch Sondertypen wie die Minenleger VIID und XB baute.

An die Fertigstellung der Boote schloß sich eine mehrmonatige Phase an, in der sie von ihren Besatzungen eingefahren wurden und in der Werft Restarbeiten erledigten, ehe sie nach einer gründlichen Ausbildung im Fühlunghalten und in der Konvoibekämpfung in der Ostsee von Kiel über Norwegen zu ihrer ersten Feindfahrt in den Atlantik ausliefen. 1939 waren es 7 Boote, 1940 dann 31, 1941 schon 98 und 1942 schließlich 204. Dem standen in den gleichen Jahren 9, 23, 35 und 87 Verluste gegenüber.

Das Bild oben zeigt die Krupp-Germania-Werft in Kiel um die Wende 1941 auf 1942 mit den überdachten Helgen im Hintergrund, im Ausrüstungsbecken vorn links die großen U-Minenleger *U 118* und *U 119* und dahinter drei VIIC-Boote. Im Hintergrund rechts befindet sich ein Zerstörer in der Ausrüstung.

Wegen der Konzentration der deutschen U-Boote zur Behebung der Krise im Mittelmeer (siehe Seite 61) konnten nach dem Kriegseintritt der USA im Dezember 1941 zunächst nur 5 U-Boote zur Operation „Paukenschlag“ gegen die Handelsschifffahrt vor der US-Ostküste auslaufen. Bis zum Juli 1942 folgten zahlreiche weitere Boote, die bis in den Golf von Mexiko und in die Karibik vorstießen. Gegen den dort fast friedensmäßig laufenden Schiffsverkehr erzielten sie große Erfolge, da der amerikanische Chief of Naval Operations, Admiral King, sich trotz der seit September 1941 in der Konvoiführung gemachten Erfahrungen bis Mai 1942 weigerte, auch hier das Konvoisystem einzuführen. Bis Ende Juli versenkten die U-Boote bei nur 7 eigenen Verlusten allein im Westatlantik 497 Schiffe mit 2 534 305 BRT.

Brennende Tanker, sinkende Schiffe und nach langem Aufenthalt in offenen Booten oder auf Trümmern ihrer gesunkenen Schiffe geborgene Überlebende – das waren typische Bilder aus dieser Zeit. Auch Leichen trieben im Wasser oder wurden an den Küsten angetrieben. Doch sie sind kaum photographiert worden. Das Bild links zeigt den am 14. Mai 1942 vor Florida durch *U 564* torpedierten und in dicke Rauchwolken gehüllten mexikanischen Tanker *Potrero del Llano,* dessen Versenkung die Kriegserklärung Mexikos auslöste, das Bild links unten einen sinkenden Frachter mit treibendem Stückgut und dazwischenschwimmenden Schiffbrüchigen.

Auf dem Bild unten erhalten Überlebende des von *U 103* am 17. Mai 1942 in der Karibik versenkten amerikanischen Frachters *Ruth Lykes* von den U-Boot-Leuten Positions- und Kursangaben, ehe sie ihrem Schicksal überlassen werden.

Auf drängende Vorstellungen der britischen Admiralität begann die US-Atlantik-Flotte im Mai 1942 zunächst an der amerikanischen Ostküste, Konvois einzuführen, und dann bis zum August auch im Golf von Mexiko und in der Karibik.

Das führte zu einem deutlichen Rückgang einzeln fahrender Schiffe, so daß Dönitz seine U-Boote ab Mai aus dem wegen der langen Anmarschwege nun „unökonomischen" Operationsgebiet vor der US-Ostküste zurückzog. In der Karibik waren die Konvoisicherungen anfangs schwach und ungeübt, so daß hier noch bis Ende des Jahres 146 Schiffe mit 730 209 BRT versenkt wurden. Der „Black Out" in Bletchley Park (siehe Seiten 50/51) hatte hier keine großen Auswirkungen, da die U-Boote nicht über Funksignale in Gruppen eingesetzt wurden.

In der Bedford Bucht des kanadischen Hafens Halifax versammelten sich, wie die oben wiedergegebene Luftaufnahme zeigt, 1941/42 die Frachter und Tanker unterschiedlichster Größe, um von hier mit den wöchentlich auslaufenden schnellen HX- oder den langsamen SC-Konvois nach Großbritannien zu fahren. Meist zwischen 30 und 70 Schiffen zählend, waren sie in sechs bis zwölf Kolonnen zu je 4 bis 5 Schiffen geordnet.

Die wertvollsten Schiffe und der Konvoi-Kommodore liefen in der Mitte, die „Escort Group“ bestand 1942 meist aus 2 Zerstörern und 4 Korvetten. Während die deutschen U-Boote im Westatlantik operierten, hatten die Konvois die kürzeste Großkreis-Route benutzt. Als Admiral Dönitz seine U-Boote von der US-Ostküste abzog und den Schwerpunkt im Juli 1942 wieder auf die Bekämpfung der Nordatlantik-Konvois verlegte, hatte es der britische „Submarine Tracking Room“ sehr viel schwerer, die Konvois umzuleiten, da ihm

Konvoi-Code („Naval Cipher 3") durch den xB-Dienst stützen. In Aufklärungsstreifen von 10 bis 15 und mehr Booten marschierten sie als Gruppe auf der Suche nach Konvois zuerst nach Westen, versorgten dann aus einem der neuen, „Milchkuh" genannten U-Tanker und liefen nach Osten zurück.

Hatte ein U-Boot einen Konvoi gesichtet, gab es ein Fühlungshalter-Signal ab, auf das hin die deutsche U-Boot-Führung in Kernevel bei Lorient dann per Funk die anderen Boote zum Angriff ansetzte. Dieses Verfahren wurde trotz der Gefahr der Einpeilung von Land als unerläßlich für die Führung der beweglichen Operationen erachtet. Auf deutscher Seite war jedoch unerkannt geblieben, daß die Alliierten inzwischen ein Gerät besaßen, das sich dieses Verfahren zunutze machte: „High Frequency Direction Finding" (HF/DF), ein automatisches Bord-Kurzwellen-Funkpeilgerät. Es benutzte eine an der Mastspitze angebrachte, trapezförmige „Adcock-Antenne" und ermöglichte, das ein Kurzsignal abgebende U-Boot innerhalb von maximal 30 Seemeilen einzupeilen. Der „Escort Commander" als taktischer Führer des Konvois konnte dann einen Zerstörer auf dem Peilstrahl entlang laufen lassen, bis dessen Radargerät das Fühlung haltende U-Boot erfaßte. Das U-Boot mußte tauchen, wurde aber von dem Schallortungsgerät „Asdic" geortet und mit Wasserbomben unter Wasser gehalten, bis der Konvoi eine Ausweichbewegung ausgeführt hatte.

Zum ersten Mal verloren die Deutschen auf diese Weise am 16. Juni 1942 die Fühlung an einem Konvoi, dem ONS.102, als der kanadische Zerstörer *Restigouche* (auf dem Bild unten erkennbar mit seiner „Adcock"-HF/DF-Antenne auf dem achteren Mast und dem 1,5-m-Radargerät Typ 286 im Masttopp vorn) *U 94* erfaßte und abdrängte. Manche Geleitzugschlacht konnten die Alliierten so vermeiden.

Eine weitere wichtige Neuerung war die Einführung des „Hedgehog", eines Kastens, aus dem nach voraus 24 kleine Wasserbomben abgefeuert werden konnten, die nur beim Auftreffen auf ein U-Boot detonierten und damit bei Fehlschüssen die „Asdic"-Ortung nicht durch Detonations-Verwirbelungen störten.

Das größte Handicap für die Alliierten war das „Luftloch", jenes Gebiet in der Mitte des Nordatlantik, das die auf Nordirland, Island und Neufundland stationierten Flugzeuge wegen ihrer zu geringen Reichweite nicht abdecken konnten. Erst nach der Krise des März 1943 wurden die 45 nötigen Langstreckenflugzeuge, die „Very Long Range" (VLR) *Liberators*, zur Beseitigung dieses Mangels bereitgestellt.

die „Ultra"-Fernschreiben aus Bletchley Park fehlten und er auf Schätzungen über die U-Boot-Aufstellungen angewiesen war, die auf Meldungen über U-Boot-Sichtungen und Funkpeilungen von Landstationen basierten.

Dönitz konnte sich dagegen oft auf Entzifferungen von Funksprüchen im alliierten

Im Dezember 1942 gelang in Bletchley Park mit dem von *U 559* im Mittelmeer geborgenen Wetter-Kurzsignalheft der erneute Einbruch in den U-Boot-Schlüssel „Triton". Die Umleitung von Konvois erwies sich aber wegen der zu vielen U-Boot-Gruppen im Nordatlantik als nicht mehr erfolgversprechend, nachdem im März 1943 aus 4 Konvois 20 % der Handelsschiffe versenkt worden waren. Von nun an wurden die neu gebildeten „Support Groups" und die VLR-Flugzeuge angesetzt, um die aufgrund der „Ultra"-Entschlüsselung als gefährdet erkannten Konvois durch die deutschen U-Boot-Aufstellungen hindurchzuboxen. Die U-Boote wurden nun „ausgehungert" und versenkt, wenn sie auftauchen mußten.

Ein Beispiel dafür war die Versenkung von *U 175* am 17. April 1943 am Konvoi HX.233. Das Bild links zeigt den US Coast Guard Cutter *Spencer* als Führerschiff der Escort Group A.3 bei der Übernahme einer mit einem Treibsatz geschossenen Wurfleinen-Meldung am HX.233. Auf dem Bild unten sieht man ein Boot der *Spencer* bei der durch Wasserbomben zum Sinken gebrachten *U 175,* auf dem Bild rechts Überlebende des U-Bootes, die an herabgelassenen Leinen zum Deck der *Spencer* emporhangeln.

Krieg im Pazifik II

1. August 1942 – 30. September 1943

Die alliierte „Europe-first"-Strategie band einen großen Teil der US-Flotte für die Operation „Torch", die Landung in Nordafrika (siehe Seite 118), und erlaubte nur eine begrenzte Verlegung von Kräften in den Pazifik. Doch war Admiral King entschlossen, die Japaner durch eine Offensive im Südpazifik nicht zur Ruhe kommen zu lassen.

Die Japaner hatten nach der Niederlage bei Midway ihre Pläne zur Eroberung von Fidschi, Neukaledonien und Samoa aufgeben müssen, waren aber dabei, durch Landungen an der Küste Neuguineas und den Ausbau eines Flugplatzes auf der südlichsten Salomonen-Insel Guadalcanal ihre Hauptbasis Rabaul auf der ehemals deutschen Insel Neubritannien weiträumig zu sichern. Das Ringen um diesen Flugplatz bestimmte für sechs Monate den Kriegsverlauf im Pazifik.

Am 7. August 1942 eröffneten die Amerikaner ihre Offensive mit der Landung der verstärkten 1. Marine-Division auf Tulagi und an der gegenüberliegenden Nordküste Guadalcanals und vertrieben die Japaner von dem nun nach einem gefallenen amerikanischen Flieger „Henderson Field" genannten Flugplatz, um dessen Besitz sich der Kampf ein halbes Jahr drehen sollte.

Die Japaner reagierten sofort mit landgestützten Luftangriffen von Rabaul aus, was die Amerikaner zum Abzug der Transportflotte bewog. Zwei amerikanisch-australische Kampfgruppen von je 3 Schweren Kreuzern und 6 Zerstörern sollten die Zugänge zum Landungsraum beiderseits Savo Island decken.

In der Nacht zum 9. August manövrierte eine japanische Kampfgruppe mit 5 Schweren, 2 kleinen Kreuzern und einem Zerstörer den US-Zerstörer *Blue* aus, der den Südeingang zwischen Savo und Guadalcanal bewachte, und überraschte zuerst die südliche alliierte Kreuzergruppe, deren Flaggschiff zu einer Konferenz der alliierten Kommandeure gefahren war, und dann auch die nördliche. In der dramatischen Nachtschlacht bei Savo Island, in der die Japaner die Überlegenheit ihrer optischen Feuerleitung demonstrierten, während die amerikanischen Radargeräte versagten, versenkten die Japaner ohne eigene ernste Schäden die US-Kreuzer *Vincennes* und *Quincy* und schossen die *Astoria* und die australische *Canberra* in Brand, so daß sie am nächsten Morgen versenkt werden mußten. Auf dem Bild unten sieht man die brennende *Canberra* mit den US-Zerstörern *Patterson* und *Blue,* die von ihr 680 Überlebende retteten. Insgesamt verloren die Alliierten bei Savo Island 1023 Tote und 709 Verwundete.

Die Amerikaner zogen ihre Schiffe aus dem Landungsraum ab, so daß ihre 16 000 auf Guadalcanal gelandeten Marines vorerst auf sich gestellt waren.

Die Japaner begannen, kleinere Verstärkungen heranzubringen, und suchten die Amerikaner durch Luftangriffe von Rabaul aus niederzuhalten. Am 24. August traf von Rabaul ein Verstärkungstransport mit 1500 Mann bei Guadalcanal ein, der von der östlich der Salomonen kreuzenden japanischen Flotte mit 2 großen Trägern, 3 Schlachtschiffen, 8 Schweren und 2 Leichten Kreuzern sowie 22 Zerstörern gedeckt wurde. Die Amerikaner hatten zur Unterstützung ihrer Marines auf Guadalcanal 3 Kampfgruppen mit je einem Träger gebildet, die von einem Schlachtschiff, 5 Schweren und 2 Leichten Kreuzern sowie 18 Zerstörern gesichert wurden.

Die Flugzeuge der US-Träger *Saratoga* und *Enterprise* fanden den japanischen Konvoi nicht und versenkten am 24. August in der Seeschlacht bei den östlichen Salomonen nur den zu einer Ablenkungsgruppe gehörenden Leichten Träger *Ryujo,* während die Flugzeuge der japanischen Träger *Shokaku* und *Zuikaku* daraufhin die *Enterprise* schwer beschädigten.

Die gegen die US-Trägergruppen angesetzten japanischen U-Boot-Geschwader kamen jetzt zu ihrem einzigen großen Erfolg im Flottenkampf, für den sie eigentlich gebaut waren: Am 26. September 1942 torpedierte *I 26* die *Saratoga,* und am 15. September traf *I 19* mit einem „Long-Lance"-6er-Fächer den Träger *Wasp* mit drei, das entfernt laufende Schlachtschiff *North Carolina* und den Zerstörer *O'Brien* mit je einem Torpedo. Die brennende *Wasp,* die das Bild oben rechts zeigt, wurde aufgegeben, die beschädigten Schiffe abgeschleppt. Damit waren keine Träger zur Deckung amerikanischer Operationen mehr verfügbar. Nur die landgestützten Flugzeuge der Amerikaner von Guadalcanal und der Japaner von Rabaul versuchten, die Verstärkungskonvois ihrer Gegner anzugreifen. Auf dem Bild rechts passiert ein japanisches Torpedoflugzeug mit dem unter dem Rumpf erkennbaren Torpedo den US-Kreuzer *Northampton* beim Anflug zum Angriff auf ein größeres Schiff.

Am 12. Oktober 1942 zwang eine amerikanische Kampfgruppe in der Nachtschlacht bei Kap Esperance einen japanischen Beschießungsverband zur Umkehr. In einem neuen Versuch unter Einsatz der Flotte mit reparierten und aus Japan herangeholten Trägern wollte Admiral Yamamoto „Henderson Field" erobern und die Amerikaner von Guadalcanal vertreiben, was jedoch nicht gelang. In der Schlacht von Santa Cruz am 25. und 26. Oktober errangen die Japaner aber einen taktischen Erfolg, indem sie die reparierte *Enterprise* erneut beschädigten. Massives Flakfeuer des neuen Schlachtschiffes *South Dakota* (im Hintergrund des linken Bildes) und der anderen Schiffe verhinderte entscheidende Treffer auf der *Enterprise* (vorn). Aber der schwer getroffene neue Träger *Hornet* ging verloren. Wieder war kein amerikanischer Träger mehr einsatzbereit. Aber auch andere Waffen forderten ihren Tribut: Am 25. Oktober lief der große Truppentransporter *President Coolidge* mit Teilen von 2 US-Divisionen an Bord auf eine Mine und sank. Da dies in Landnähe geschah, konnten sich die 4000 Mann zählenden Truppen bis auf zwei retten (Bild unten).

Im November 1942 führte der Kampf um Guadalcanal zu schweren Verlusten an Schiffen und Menschen auf beiden Seiten. Immer wieder prallten Kampfgruppen mit Kreuzern und Zerstörern und sogar Schlachtschiffen bei ihren Versuchen, feindliche Stellungen oder das „Henderson Field" zu beschießen und Verstärkungen und Nachschub auf die Insel zu bringen, aufeinander und gerieten in erbitterte Nachtgefechte auf kürzeste Entfernungen.

In den großen Nachtschlachten bei Guadalcanal vom 12. auf den 13. und vom 14. auf den 15. November, bei Luftangriffen und einem gelungenen Torpedoangriff von 8 japanischen Zerstörern gegen einen Kreuzerverband im Nachtgefecht von Tassafaronga gingen bis zum 1. Dezember auf japanischer Seite 2 Schlachtkreuzer, ein Kreuzer, 3 Zerstörer und 10 Transporter, auf amerikanischer 4 Kreuzer und 8 Zerstörer unter, 3 weitere Kreuzer wurden torpediert. Den Japanern gelang es letztlich nicht, ihre Truppen ausreichend zu verstärken, sie räumten Guadalcanal bis zum 9. Februar 1943 mit 11706 Mann.

Nach Ausbau ihrer Luftbasen eröffneten die Amerikaner im März 1943 mit Landungen auf Inseln der Zentral-Salomonen und an der Nordküste der Papua-Halbinsel, bei denen sie jeweils starke japanische Positionen zu umgehen suchten, ihren Vormarsch auf Rabaul. Dabei kam es im Juli, August und Oktober wiederholt zu Nachtgefechten, in denen beide Seiten Verluste erlitten. Auf dem Bild oben feuert ein amerikanischer Zerstörer am 21. Oktober 1943 auf japanische Kräfte in der Nähe der Salomonen-Insel Vella Lavella.

Im Nordpazifik hatten die Japaner im Schatten der Schlacht bei Midway die Alëuten-Inseln Attu und Kiska besetzt. Nach und nach verstärkten sie hier ihre Besatzungen bis zum Frühjahr 1943 auf 2500 beziehungsweise 5400 Mann.

Die Amerikaner schoben ihre Stützpunkte zunächst von Dutch Harbor nach Adak und dem Kiska benachbarten Amchitka vor und versuchten, den japanischen Nachschub abzufangen. Dabei kam es am 26. März 1943 bei den Komandorski-Inseln zum einzigen Artilleriegefecht zwischen Kreuzern bei Tageslicht, in dem USS *Salt Lake City* schwer beschädigt wurde.

Nach häufigen Angriffen landgestützter Bomber und einer schweren Beschießung durch zwei Schlachtschiffe landeten am 11. Mai 1943 amerikanische Heerestruppen auf Attu und überwältigten bis zum 29. Mai die japanischen Verteidiger, die sich buchstäblich bis zum letzten Mann zur Wehr setzten und 2351 Tote verloren, während nur 28 Mann sich gefangennehmen ließen. Die Amerikaner hatten 600 Tote und 1200 Verwundete. Viele Pannen bei der Beladung der Transporter und in der Taktik an Land brachten den Amerikanern wertvolle Erfahrungen für ihre künftigen amphibischen Operationen.

Amerikanische Flugzeuge, U-Boote und Schiffe, die nun das zwischen den japanischen Basen auf den Kurilen und Kiska gelegene Attu nutzen konnten, unterbanden den Nachschub zu dieser Insel immer mehr, so daß sich die Japaner zur Evakuierung Kiskas entschlossen, die sie Ende Juli unter Ausnutzung des Nebelwetters in einer taktisch meisterhaft angelegten Operation unbemerkt von den Amerikanern durchführten. Als die Amerikaner am 15. August 1943 mit fast 100 Schiffen und 34 426 Mann amerikanischer und kanadischer Truppen ihre Landung begannen (Bild unten), fanden sie die Insel verlassen.

Die amerikanischen U-Boote hatten sofort nach Pearl Harbor mit einem uneingeschränkten U-Boot-Krieg gegen die japanische Schiffahrt begonnen, konnten aber wegen häufiger Torpedoversager gegen die japanische Südoperation kaum etwas ausrichten. 1942 und 1943 erzielten sie auch gegen Kriegsschiffe nur gelegentlich Erfolge. Sie operierten von Hawaii aus vor Japan und im ehemals deutschen Kolonialgebiet sowie von Basen in Australien und im Südwestpazifik gegen den japanischen Nachschubverkehr nach den Salomonen und Neuguinea.

Mit ihrer langsam steigenden Zahl und der Verbesserung ihrer Waffen und intensiverer Nutzung der „Intelligence" aus der Funkaufklärung wuchsen ihre Erfolge. Waren bis Juli 1942 nur 64 Schiffe versenkt worden, so fielen den amerikanischen U-Booten bis Ende 1942 weitere 75 und im Jahre 1943 noch einmal 204 zum Opfer. Unten: Blick durchs Sehrohr eines U-Bootes auf einen im April 1943 von ihm versenkten japanischen Frachter. Darunter: Ein nach Umbau der Türme mit Geschützen bestücktes amerikanisches U-Boot.

Krieg im Indischen Ozean
1942 – 1945

Bis Ende 1941 hatte es im Indischen Ozean nur einige Vorstöße italienischer Zerstörer und U-Boote aus dem abessinischen Massaua ins Rote Meer und Operationen deutscher Überwasser-Handelsstörer gegeben. Im April 1942 folgte der japanische Raid gegen Ceylon (siehe Seite 95) und in den Golf von Bengalen, bei dem neben Kriegsschiffen auch 23 Handelsschiffe zerstört wurden. Japanische U-Boote hatten insgesamt 44 Schiffe versenkt.

In den alliierten Führungsstäben löste dieser Raid in Verbindung mit dem Vordringen der japanischen Armee in Burma und der deutsch-italienischen Offensive in Nordafrika große Befürchtungen vor einem Verlust der Seeherrschaft im Indischen Ozean und der Unterbrechung der Nachschubroute nach dem Mittleren Osten und über den Iran in die Sowjetunion aus.

Gegen die Bedrohung, die von der Vichy-französischen Insel Madagaskar ausging, landeten am 5. Mai 1942 die Briten Truppen bei Diego Suarez an der Nordküste Madagaskars, die anfänglichen Widerstand bald brachen. Als eines der Ablenkungsunternehmen für die Midway-Operation (siehe Seite 98) entsandten die Japaner eine von zwei Hilfskreuzern unterstützte Gruppe von 4 U-Kreuzern zur Suche nach der britischen Flotte in den westlichen Indischen Ozean. Ein U-Boot-Aufklärungsflugzeug fand die Briten in Diego Suarez. Ausgesetzte japanische Klein-U-Boote torpedierten am 30. Mai das Schlachtschiff *Ramillies* und einen Tanker. Um Madagaskar fielen ihnen dann bis zum Juli 25 Handelsschiffe zum Opfer. Einzelne japanische U-Kreuzer setzten die Operationen bis zum Herbst 1944 fort und versenkten 54 weitere Schiffe.

Im Oktober 1942 griff erstmals eine deutsche U-Boot-Gruppe den Handelsverkehr vor Südafrika an und zwang die Alliierten zur Ausdehnung des Konvoisystems auf den Indischen Ozean. Weitere Gruppen und Einzelboote folgten, die ab Herbst 1943 auch von der japanischen Basis Penang in der Malakka-Straße aus operierten. Insgesamt versenkten deutsche U-Boote im Indischen Ozean 164 Handelsschiffe. Von 1942 bis 1945 kam es zu einer Reihe von Transportfahrten japanischer, deutscher und italienischer U-Boote zwischen Penang und Frankreich, bei denen benötigte Rohstoffe und Pläne für Waffensysteme befördert wurden. Auch eine Fahrt des deutschen U-Bootes *U 180* diente diesem Zweck. Auf dem Bild oben trifft es sich am 26. April 1943 mit dem japanischen U-Kreuzer *I 29* südlich von Madagaskar, übernimmt wichtige Rohstoffe und zwei zur Unterweisung im U-Boot-Bau nach Kiel bestimmte japanische Offiziere und übergibt seinerseits Goldbarren, Konstruktionspläne von U-Booten sowie den mit den Achsenmächten kollaborierenden indischen Politiker Subhas Chandra Bose, der nach Japan will.

Mit dem Ausbleiben einer japanischen Offensive nach Indien hinein und dem Rückzug der Deutschen in Nordafrika nach der Schlacht von El Alamein (siehe Seite 67) schienen die unmittelbaren Gefahren für den Nahen Osten und Indien vorerst abgewendet, und der Indische Ozean blieb ein Nebenkriegsschauplatz, für den nur begrenzte Streitkräfte bereitgestellt wurden. Die aus älteren Schiffen bestehende „British Eastern Fleet", die 1942 nach Ostafrika ausgewichen war, bestand Ende 1943 nur noch aus einem alten Schlachtschiff, einem Geleitträger, 8 Kreuzern, 11 Zerstörern und kleineren Einheiten. Krieg führten im Indischen Ozean vor allem die britischen und niederländischen U-Boote.

Im Sommer 1943 drängte Churchill auf eine Intensivierung der Kriegführung zu Land, zur See und in der Luft im Raum Südostasien und setzte im August die Ernennung des noch jungen Vizeadmirals Lord Mountbatten zum „Supreme Allied Commander South East Asia" durch. Die „Eastern Fleet" wurde nach Ceylon zurückverlegt. Anfang 1944 erhielt sie 3 modernisierte Schlachtschiffe, 2 Flugzeugträger, 2 Kreuzer und 2 moderne Zerstörer-Flottillen, die aus anderen Gebieten abgezogen waren, gefolgt von weiteren alliierten Schiffen aller Klassen.

Am 4. Februar 1944 startete die japanische Armee, unterstützt von der in Japan aus indischen Kriegsgefangenen aufgestellten „Nationalarmee" S. Ch. Boses, eine Offensive „zur Befreiung Indiens", die aber nach der Einnahme von Imphal im März ins Stocken geriet und im April scheiterte. Um die Japaner in Indonesien unter Druck zu setzen, führte die „Eastern Fleet", die durch die Schlachtschiffe *Valiant* und die französische *Richelieu,* mehrere Geleitträger und eine amerikanische Kampfgruppe mit dem großen Träger *Saratoga* verstärkt worden war, am 19. April 1944 mit britischen und amerikanischen Trägerflugzeugen einen Raid gegen Sabang an der Nordspitze Sumatras und am 17. Mai gegen Surabaja auf Java, das das Bild oben mit Sprengwolken der Bomben während des Angriffes zeigt.

Im Juni unternahm die „Eastern Fleet“ zunächst einige Raids gegen Ziele in Sumatra, um die japanische Aufmerksamkeit von dem bevorstehenden amerikanischen Angriff auf die Marianen abzulenken (siehe Seite 169). Im Juli folgten weitere Angriffe der Träger *Victorious* und *Indomitable* gegen Sabang, die von Bombardements durch drei Schlachtschiffe gefolgt waren. Auf dem Bild rechts oben sieht man im Kielwasser des Schlachtschiffes *Queen Elizabeth*, des Flaggschiffs des Befehlshabers der „Eastern Fleet“, Admiral Somerville, ihr Schwesterschiff *Valiant* und die in den USA fertig ausgerüstete frei-französische *Richelieu.*

Im August 1944 trafen das neue Schlachtschiff *Howe* und der Träger *Illustrious* im Indischen Ozean ein und nahmen an einem Raid gegen Padang an der Südwestküste Sumatras teil, dem in vierwöchigem Abstand weitere Angriffe folgten.

Nach Vorstößen der britisch-amerikanisch-chinesischen Verbände in Burma, die dank des Aufbaus einer starken amerikanischen Luftflotte gute Unterstützung fanden, begannen die Japaner im Januar 1945, sich langsam aus Burma zurückzuziehen. An der burmesischen Küste unterstützte die „Task Force 64“ das Vorgehen des XV. Indischen Korps durch überholende Landungen. Auf dem Bild in der Mitte rechts feuert der australische Zerstörer *Norman* am 30. Januar 1945 auf japanische Stellungen bei der Landung auf der burmesischen Insel Ramree.

Mit dem Fall von Mandalay am 20. März 1945 wurde die Burma-Straße nach China wieder geöffnet, und der britische Vorstoß von Norden auf Rangun gewann schnell Raum, unterstützt am 1. Mai durch eine Landung von Süden, welche die Japaner zur Räumung der Stadt zwang. Das Bild rechts zeigt einen britischen Jeep am 2. Mai, der ein Geschütz aus einem LCT-Tanklandungsboot durch den Schlamm des Rangun-Deltas an Land zieht.

Ende 1944 wurden die modernen Schiffe der „Eastern Fleet“ in den Pazifik verlegt.

Das Mittelmeer II

1. November 1942 – 8. Mai 1945

Die amerikanischen Stabschefs wollten die „Europe first"-Strategie mit einer möglichst frühen Landung in Frankreich schon 1942, spätestens aber 1943 zum Erfolg führen. Die Briten hielten eine solche Operation mit den vorhandenen Kräften jedoch noch nicht für durchführbar und schlugen stattdessen Landungen in Marokko und Algerien vor, um im Verein mit einer Offensive aus Ägypten die Achsenmächte aus Afrika zu vertreiben und das Mittelmeer zu öffnen. Ihr Plan erhielt Vorrang, und am 8. November 1942 begann die Operation „Torch" mit der Landung von 34 305 Mann der US 3. und 9. Division bei Casablanca an der marokkanischen Westküste. Das Bild unten zeigt den amerikanischen Träger *Ranger* mit Jägern und Sturzbombern an Deck und zwei Zerstörern am Morgen vor der Landung. Im Raum Oran landeten britische Schiffe 39 000 Mann der US 1. Division und die Hälfte der 1. Panzerdivision. Weitere britische Schiffe brachten bei Algier 33 000 Mann der restlichen US 1. Panzerdivision und der 34. Division sowie der britischen 78. Division an Land.

Die in den Häfen liegenden französischen Schiffe und die Küstenbatterien leisteten anfangs erbitterten Widerstand, der 803 Tote und über 1000 Verwundete kostete, ehe Admiral Darlan mit geheimer Zustimmung Marschall Pétains am 10. November einen Waffenstillstand abschloß.

Die deutsche Führung wurde von der Landung in Nordafrika überrascht, reagierte dann jedoch schnell. Schon am 9. November 1942 wurde per Lufttransport das Fallschirmjäger-Regiment 5 in Tunis gelandet und am nächsten Tag der Hafen Bizerta besetzt, 12 000 französische Soldaten gerieten in deutsche Gefangenschaft. Am 11. November marschierten deutsche Truppen unter Aussparung des Kriegshafens Toulon in den bisher unbesetzten Teil Frankreichs ein. Die Italiener besetzten Korsika. Herangezogene Luftwaffenverbände und U-Boote begannen die Landungsflotten anzugreifen.

Dabei verloren die Alliierten bis Mitte November einen Geleitträger, 1 Flakschiff, 3 Zerstörer, 6 kleinere Fahrzeuge und 18 Transporter.

Der alliierte Angriff auf Tunesien scheiterte, und obgleich ab 16. November französische Truppen auf die Seite der Alliierten übergingen und in den Kampf eingriffen, konnte sich Rommels Afrika-Armee durch Libyen nach Tunesien zurückziehen.

Um der Gefahr eines Überganges der in Toulon liegenden französischen Flotte auf die alliierte Seite vorzubeugen, drang das deutsche II. SS-Panzerkorps am 27. November 1942 in die Hafenstadt ein, konnte aber die vorbereitete Selbstversenkung der französischen Flotte nicht verhindern. 3 Schlachtschiffe, 1 Flugzeugmutterschiff, 7 Kreuzer, 25 Zerstörer, 5 Torpedoboote, 16 U-Boote und viele kleinere Schiffe sanken und waren damit dem deutschen Zugriff entzogen, 5 U-Boote entkamen. Im Vordergrund des Bildes oben liegt der gekenterte Kreuzer *Marseillaise*, im Hintergrund sind brennende Schwere Kreuzer erkennbar, rechts die *Algérie*.

Für die deutschen und italienischen Schiffe, die Nachschub zu den in Tunesien kämpfenden Truppen brachten, wurden die Fahrten bei der alliierten Luft- und Seeüberlegenheit immer verlustreicher und Anfang Mai 1943 ganz unterbunden. Am 12. Mai mußte die Afrika-Armee mit 250 000 Deutschen und Italienern in dem auf engem Raum zusammengedrängten tunesischen Brückenkopf kapitulieren.

Im Dezember 1942 hatte der britische Chef des Empire-Generalstabes, General Sir Alan Brooke, Churchill davon überzeugt, daß wegen des noch nicht absehbaren Endes der Kämpfe in Nordafrika und der Schiffsraum-Situation eine Landung in Frankreich im August 1943 noch nicht in Frage kommen konnte. Bei der Gipfelkonferenz in Casablanca im Januar 1943 mußten die amerikanischen Stabschefs sich diesen Argumenten beugen, und es wurde beschlossen, die im Mittelmeer befindlichen Kräfte zu einer Landung in Sizilien im Juli 1943 zu nutzen.

Zunächst erhielten die Bekämpfung der deutschen U-Boote und der Bombenkrieg Priorität. In den Vorbereitungen der Operation „Husky" gab es neue Kontroversen, bei denen der Befehlshaber der britischen 8. Armee, General Montgomery, die konzentrierte Landung im Südosten Siziliens durchsetzte. Die hierfür nötige Bereitstellung der 2311 Transporter und Landungsfahrzeuge und der 279 Kriegsschiffe zur Unterstützung war eine große organisatorische Aufgabe. Auf dem Bild unten werden für Sizilien bestimmte US-Truppen auf LCI-Infanterie-Landungsbooten in einem nordafrikanischen Hafen eingeschifft.

In der Morgendämmerung des 10. Juli 1943 stürmten 3 britische, 1 kanadische und 3 amerikanische Divisionen an Land. Das Bild rechts zeigt bei bewegter See von einem Sturmboot aus landende britische Soldaten in der Nähe von Syrakus, das am nächsten Tag unbeschädigt eingenommen wurde. Insgesamt wurden auf Sizilien 116 000 britische und 66 000 amerikanische Soldaten gelandet. Gegenwehr zur See leisteten die italienischen und deutschen U-Boote, die bei 11 eigenen Verlusten nur 6 Schiffe versenken und 2 Kreuzer torpedieren konnten. Wirkungsvoller waren Luftangriffe, denen 15 Schiffe zum Opfer fielen. Das Bild rechts unten zeigt Einschläge deutscher Bomben neben amerikanischen Schiffen vor der sizilianischen Küste.

Die deutsch-italienischen Verteidiger zogen sich hinhaltend kämpfend auf einen Brückenkopf um Messina zurück, was auch mehrere überholende alliierte Landungen nicht verhindern konnten. Vom 3. bis 17. August 1943 evakuierten in nächtlichen Fahrten unter stärkstem Flakschutz deutsche und italienische Fähren und Boote 101 569 Soldaten, 47 Tanks, 135 Geschütze, 9832 Fahrzeuge und 17 000 t Munition, Treibstoff und Material über die Messina-Straße aufs italienische Festland.

Während der schweren Kämpfe auf Sizilien wurde am 25. Juli 1943 der italienische Diktator Mussolini durch den faschistischen Großen Rat abgesetzt, und Marschall Badoglio übernahm die Regierung. Während er öffentlich die Fortsetzung des Krieges verkündete, begann er geheime Verhandlungen mit den Alliierten, die am 3. September zur Unterzeichnung der bedingungslosen Kapitulation Italiens führten, die am 8. September in Kraft treten sollte.

Hitler hatte auf den Fall Mussolinis mit dem Befehl zur Räumung Siziliens und der Verstärkung der deutschen Truppen in Italien reagiert und Vorbereitungen zur Neutralisierung der italienischen Truppen für den Fall eines Ausscheidens Italiens aus dem Krieg treffen lassen.

Auf alliierter Seite gab es neue Diskussionen um die zu befolgende Strategie. Der Stabschef der US-Armee, General Marshall, forderte bei den Gipfelkonferenzen „Trident" und „Quadrant" im Mai und August 1943 erneut die Verlegung von Kräften aus dem Mittelmeer für die Invasion Frankreichs. Der „Chief of Naval Operations", Admiral King, wünschte die Verlegung von amphibischen Verbänden in den Pazifik. Die britischen Stabschefs argumentierten, erst das Ausschalten Italiens durch eine Landung auf dem Festland würde die Deutschen in Frankreich so schwächen, daß eine Invasion im Frühjahr 1944 mit den dann ausreichenden Kräften möglich wäre. Das aufgrund der Verhandlungen absehbare Ausscheiden Italiens aus den Krieg gab den endgültigen Ausschlag für die Fortsetzung der Mittelmeer-Operationen durch eine Landung südlich Neapel bei Salerno gleichzeitig mit der italienischen Kapitulation am 9. September 1943. Am 3. September landeten zwei britische Divisionen von Messina aus an der Spitze Kalabriens, um deutsche Verbände im Süden zu fesseln, was jedoch mißlang. Als der alliierte Oberbefehlshaber, General Eisenhower, am Nachmittag des 8. September die italienische Kapitulation bekanntgab, lief die italienische Flotte, entsprechend den ausgehandelten Bedingungen, von La Spezia und Genua mit 3 Schlachtschiffen, 6 Kreuzern und 8 Zerstörern aus, um sich zu ergeben. 11 deutsche *Do-217*-Bomber mit *FX-1200*-Fernlenkbomben griffen den Verband in der Bonifacio-Straße zwischen Korsika und Sardinien an und trafen das Schlachtschiff *Roma*, das nach einer gewaltigen Explosion (Bild unten links) sank, während die *Italia* beschädigt wurde. Am 10. September 1943 wurden die restlichen Schiffe von der britischen Mittelmeerflotte aufgenommen und nach Malta geleitet, wo bereits 3 ältere Schlachtschiffe, 2 Kreuzer und 2 Zerstörer aus Tarent und italienischen Adria-Häfen eingetroffen waren.

Am Morgen des 9. September 1943 landete die alliierte 5. Armee mit 3 britischen und 2 amerikanischen Divisionen mit 150 Panzern, 144 Feldgeschützen, 224 leichten Geschützen und Haubitzen am Strand zwischen Salerno und Paestum. Die Landungsflotte bestand aus 150 großen und 222 kleineren Landungsschiffen sowie 99 kleineren Fahrzeugen. Unterstützt wurde die Landung von 6 Trägern, 4 Schlachtschiffen, 1 Monitor, 7 Kreuzern und 47 Zerstörern. Auf dem Bild links steigen von dem zu einem Angriffs-Transporter umgebauten US-Passagierdampfer *Samuel Chase* die eingeschifften Truppen in die zur Fahrt an den Strand bei Salerno ausgesetzten Landungsboote um. Auf dem Bild oben haben eines der drei ersten britischen Panzerlandungsschiffe der *Boxer*-Klasse (Mitte) und die beiden amerikanischen *LST 16* (links) und *LST 379* (rechts) Truppen mit Fahrzeugen und „Sherman"-Panzern an Land gebracht. Die bei Salerno gelandeten Kräfte stießen auf den entschlossenen Widerstand der deutschen 16. Panzerdivision, die über 100 Panzer, 55 Sturmgeschütze, 36 Haubitzen und acht 8,8-cm-Flakgeschütze verfügte.

Die britischen Divisionen im Nordabschnitt kämpften sich unter dem Schirm der Schiffsartillerie an Land, die Amerikaner hatten anfangs größere Verluste, gewannen dann aber im Laufe des Tages ihren Brückenkopf. Die Alliierten versäumten es jedoch, die anfängliche Unterlegenheit der deutschen Verteidiger zu tieferen Vorstößen auszunutzen. Der deutsche Oberbefehlshaber in Italien, Feldmarschall Kesselring, hoffte, mit den vor der von Süden heranrückenden britischen 8. Armee ausweichenden und den nach der Ausschaltung der italienischen Truppen in Mittelitalien frei werdenden deutschen Divisionen den Brückenkopf eindrücken zu können, bevor die 8. Armee heran war, die durch die amphibische Landung der britischen 1. Luftlandedivision in Tarent am 9. September noch Verstärkung erhalten hatte. Vom 12. bis 14. September führten die durch die Zuführungen auf 6 allerdings schwache Panzer- und Panzergrenadier-Divisionen verstärkten Deutschen laufende Gegenangriffe, welche besonders das amerikanische VI. Korps in Bedrängnis brachten. Nur durch das pausenlose Feuer der alliierten Schiffsartillerie konnte die Krise gemeistert werden. Am 16. September erreichte die erste Vorhut der britischen 8. Armee den Brückenkopf. Am 18. mußte sich Kesselring zu einem hinhaltenden Rückzug entschließen. Aber erst am 1. Oktober 1943 konnten die Alliierten Neapel erreichen, dessen Hafen durch ihre Luftangriffe und Sprengungen durch die Deutschen schwer beschädigt war. Am 8. Oktober wurde die alliierte Offensive am Volturno aufgehalten und kam nach nur schrittweisem Vordringen am 15. November vor Monte Cassino zum Stehen. Die Erwartung, Rom noch 1943 erobern zu können, hatte getrogen. Der Kampf der Alliierten um Italien benötigte weiterhin Schiffsraum und band Landungsschiffe.

Nur dank der Feuerunterstützung durch die schwere Artillerie der britischen und amerikanischen Schiffe konnten die bei Salerno gelandeten alliierten Truppen die scharfen deutschen Gegenangriffe aufhalten. Dabei mußten die Schiffe zahlreiche deutsche Luftangriffe über sich ergehen lassen. Schon auf dem Anmarsch verfehlten Torpedoflugzeuge das Schlachtschiff *Warspite* und den Flugzeugträger *Formidable* nur knapp. Noch am 9. September 1943 fiel der mit seinen beiden 38,1-cm-Kanonen wichtige Monitor *Abercrombie* durch einen Minentreffer aus, und in der Nacht zum 11. sank der Zerstörer *Rowan* bei einem Schnellbootangriff. Am Tage des 11. begannen die schweren Luftangriffe mit *FX-1200*-Fernlenk- und *HS-293*-Gleitbomben: Der US-Kreuzer *Savannah* erhielt einen Volltreffer (Bild oben), und sein Schwesterschiff *Philadelphia* wurde durch einen Nahtreffer beschädigt. Am 14. September erlitten der britische Kreuzer *Uganda*, 2 Zerstörer und erneut die *Philadelphia* schwere Schäden, und das Lazarettschiff *Newfoundland* wurde versenkt. Als am 15. die Schlachtschiffe *Valiant* und *Warspite* eingriffen, erhielt auch letztere zwei schwere *FX-1200*-Treffer. Deutsche U-Boote, die vom 2. Oktober ab auch die neuen „Zaunkönig"-Torpedos benutzten, versenkten vor dem alliierten Landekopf und aus Nachschubkonvois vor der algerischen Küste 2 Zerstörer, 2 Minensucher und 7 Transporter.

Vom 10. bis 20. September evakuierten kleine deutsche Fahrzeuge 26 000 Mann, 2300 Fahrzeuge und 5000 t Material von Sardinien über die Straße von Bonifacio nach Korsika, von wo sie nach einem Stillhalteabkommen mit der italienischen Besatzung bis zum 5. Oktober 1943 auf dem Luft- und Seeweg zum Festland überführt wurden. Französische U-Boote und Schiffe brachten inzwischen in zahlreichen Fahrten 7139 Mann französischer Truppen von Algier nach Ajaccio auf Korsika. Die Deutschen versuchten, die Küsten mit Minensperren zu sichern.

Nach der Bekanntgabe der italienischen Kapitulation kam es zwischen den schwachen deutschen und den stärkeren italienischen Einheiten auf Rhodos zu Kämpfen, was die Briten veranlaßte, mit leichten Fahrzeugen kleine Kampfgruppen und Kommandos zur Unterstützung der Italiener auf die Dodekanes-Inseln zu entsenden. Nachdem sich die Italiener auf Rhodos am 11. September 1943 ergeben hatten, begannen die Deutschen, die Gefangenen mit Schiffen nach Piräus zu überführen. Aus dem zentralen Mittelmeer in die Ägäis überführte britische Zerstörer versuchten, die Dodekanes-Garnisonen zu verstärken und die deutschen Transporte zu unterbinden. Dabei kam es am 23. September bei Rhodos zur Versenkung des italienischen Transporters *Donizetti,* mit dem 1576 Gefangene untergingen.

Am 26. September begannen deutsche Operationen zur Wiedergewinnung des Dodekanes mit Luftangriffen, bei denen in Leros je ein britischer, griechischer und italienischer Zerstörer versenkt wurden. Am 3. Oktober brachten deutsche U-Jäger und kleine Schiffe mit Luftunterstützung Truppen nach Kos, welche 1388 Briten und 3145 Italiener gefangennahmen. Am 7. Oktober vernichtete eine britische Kampfgruppe einen deutschen Konvoi für Kos und rettete 1207 Überlebende. Verstärkungen der deutschen Luftwaffe und durch Minenleger geworfene Minensperren erschwerten die alliierten Operationen.

Inzwischen hatten die Deutschen in Piräus die dort liegenden italienischen Zerstörer und Torpedoboote beschlagnahmt und 4 von ihnen einsatzbereit gemacht. Mit ihrer Hilfe und starker Luftunterstützung gelang es vom 10. bis 24. November 1943, auf Leros und Samos Truppen zu landen, die auf Leros 3200 Briten und 5350 Italiener und auf Samos 2500 Italiener zur Kapitulation zwangen. Die zur Evakuierung eingesetzten alliierten Schiffe mußten schließlich der deutschen Luftüberlegenheit weichen und den Kampf gegen den deutschen Nachschub den U-Booten überlassen.

Das Bild unten zeigt das deutsche Beute-Torpedoboot *TA 15* (ex *Francesco Crispi*) im Hafen von Piräus, das britische und indische Gefangene von Leros hierhergebracht hat.

Erst mit dem sowjetischen Vormarsch nach Rumänien und Bulgarien im August 1944 gewannen die Briten die Initiative zurück und zwangen die Deutschen zur Räumung Griechenlands.

Das Scheitern der alliierten Versuche, in Italien die deutsche „Gustav"-Stellung am Garigliano und vor Monte Cassino zu durchbrechen, veranlaßte Churchill im Dezember 1943, eine baldige starke amphibische Landung hinter den deutschen Linien zur Unterbrechung der Nachschublinien und zur schnellen Eroberung von Rom vorzuschlagen. Am 28. Dezember stimmte Roosevelt zu, die benötigten Landungsschiffe, die nach England verlegt werden sollten, noch für drei weitere Wochen im Mittelmeer zu belassen.

Am Morgen des 22. Januar 1944 landeten 50 Kilometer südlich von Rom bei Anzio 3 Infanterie-Landungsschiffe, 33 Panzer-Landungsschiffe und 51 kleinere Landungsfahrzeuge die britische 1. Division sowie 5 Infanterie-, 51 Panzer-Landungsschiffe und 104 kleinere Landungsfahrzeuge die amerikanische 3. Division. Sie bildeten gegen geringfügigen Widerstand einen Brückenkopf. Auf dem Bild oben ist zu sehen, wie Infanterie-Landungsboote (LCI) Truppen der 3. US-Division bei Anzio an Land gesetzt haben, vorn rechts am Strand ein Amphibienfahrzeug („Amphtrac"), links und rechts die beiden britischen *LCI 274* und *LCI 356*, in der Mitte die amerikanischen *LCI 39* und *LCI 20*, welche gerade durch einen deutschen Bombentreffer in Brand geraten ist. Der befehligende Kommandeur des VI. US-Corps, General Lucas, versäumte es am ersten Tag, sofort in die Tiefe vorzustoßen und die deutsche Hauptnachschubstraße von Rom zur Front zu unterbrechen. Kesselring konnte schnell Einheiten der deutschen 14. Armee heranführen, die den Brückenkopf mit ihren Gegenangriffen eng einschlossen. Auch die Nachführung von 4 weiteren Divisionen, welche die Stärke der Alliierten im Brückenkopf in der ersten Woche auf 68 886 Mann, 237 Panzer und 508 Geschütze brachten, konnte die Lage nicht wenden. Die deutsche Luftwaffe begann sofort mit heftigen Angriffen gegen die Landungsflotte, die schon in den ersten Tagen durch Minen ein Flakschiff, einen Zerstörer, 2 Minensucher und 2 Landungsfahrzeuge verloren hatte. Durch Jagdbomber, *Do-217-* und *Ju-88*-Flugzeuge mit Torpedos, Bomben und *Hs-293*-Gleitbomben wurden der Kreuzer *Spartan*, ein Zerstörer, 2 Transporter und das Lazarettschiff *St. David* versenkt und zwei Zerstörer schwer beschädigt. Fünf von den beiden in der ersten Woche in den Landungsraum eingedrungenen deutschen U-Booten gefahrene Angriffe schlugen fehl.

Mit herangeführten Reserven griff die deutsche 14. Armee vom 16. bis 18. Februar 1944 den Brückenkopf bei Anzio an und versuchte die gelandeten Kräfte ins Meer zu werfen. Nach Anfangserfolgen blieb der Angriff jedoch stecken. Die Alliierten mußten die Kräfte im Brückenkopf nochmals verstärken, was weiterhin Schiffsraum für den Nachschub und Kriegsschiffe für die Feuerunterstützung, die für die in Vorbereitung befindliche Invasion Frankreichs nach England verlegt werden sollten, im Mittelmeer festhielt. Deutschen Luftangriffen fiel nun ein weiterer Zerstörer zum Opfer, U-Boote versenkten den Kreuzer *Penelope,* einen Transporter und 4 Panzer-Landungsschiffe.

Von der zweiten Februar-Hälfte bis Anfang Mai 1944 zog sich der Kampf um die Stellungen bei Cassino und am Garigliano zwischen den deutschen Verteidigern und den amerikanischen, französischen, südafrikanischen, kanadischen, britischen, polnischen, neuseeländischen und indischen Divisionen hin, und auch im Anzio-Brückenkopf gab es keinen Fortschritt. Erst am 13. Mai erzielten die Franzosen nach dreitägigen schweren Kämpfen den Durchbruch, und am 25. Mai wurde die Verbindung zum Anzio-Brückenkopf hergestellt. Die Briten hatten dort 9200, die Amerikaner 29 000 Mann an Toten, Verwundeten und Vermißten verloren. 2000 Deutsche gerieten bei den dreitägigen Kämpfen um den Ausbruch aus dem Brückenkopf in Gefangenschaft. Hinter rasch errichteten Stacheldrahtzäunen warteten sie, wie das Bild unten zeigt, auf ihren Abtransport.

Die Deutschen mußten am 4. Juni 1944 das zur Offenen Stadt erklärte Rom aufgeben und zogen sich hinhaltend kämpfend Anfang August auf die von Pisa über Florenz bis Ancona verlaufende „Gotenstellung" zurück.

Bei der Vorbereitung der Invasion an der französischen Kanalküste hatten die amerikanischen Stabschefs schon im August 1943 eine vorausgehende Landung in Südfrankreich vorgesehen, während die Briten lieber auf dem Balkan offensiv geworden wären.

Die Schiffsraum-Situation hatte jedoch eine Verlegung der Landung in Südfrankreich auf die Zeit nach der Invasion an der Kanalküste notwendig gemacht. Erst am 15. August 1944 sprangen daher zwischen Cannes und Toulon nach schweren Luftangriffen mit 1300 Flugzeugen 5000 Fallschirmjäger aus 396 Transportflugzeugen ab. Ihnen folgten Landungen an der Küste von 86 575 Mann, 12 250 Fahrzeugen und 46 140 t Material. Auf dem Bild oben setzen LCI's Truppen der 7. US-Armee an Land, auf dem Bild links nähert sich der französische Kreuzer *Montcalm*, eines der zur Feuerunterstützung eingesetzten Schiffe, der Küste. Die verteidigende deutsche 19. Armee zog sich bald im Rhône-Tal zurück, 57 000 Mann gerieten dabei in Gefangenschaft.

Biskaya, Kanal und Nordsee

1. Januar 1942 – 31. August 1944

Die Gefährdung der nach ihren Atlantikunternehmungen nach Brest eingelaufenen deutschen Schlachtschiffe *Scharnhorst* und *Gneisenau* und des Schweren Kreuzers *Prinz Eugen* durch alliierte Luftangriffe sowie die mangelnden Ausbildungsmöglichkeiten in der Biskaya ließen Anfang 1942 den Plan reifen, die Schiffe wieder in die Heimat zu holen. Die Seekriegsleitung sah neue Aufgaben in der Bekämpfung der alliierten Murmansk-Konvois, während Hitler vor allen Dingen an der Sicherung Norwegens gegen alliierte Raids oder Landungen interessiert war.

Ein Durchbruch durch den Ärmelkanal schien größere Erfolgsaussichten zu bieten als eine Fahrt durch den Atlantik an Island vorbei nach Norwegen. Unter größter Geheimhaltung wurden die Vorbereitungen getroffen. Minensucher räumten in wochenlangen, ein Einsatzmuster verschleiernden Suchfahrten den Weg. 6 Zerstörer, 14 Torpedoboote und 3 Schnellboot-Flottillen sowie 176 Jagdflugzeuge wurden zur Sicherung des Verbandes in ihre Einsatzhäfen verlegt. Zur Überraschung waren Auslaufen bei Nacht, Durchbruch bei Tag vorgesehen.

Die Briten rechneten mit einem solchen Durchbruch, erwarteten ihn aber nachts. Durch das Zusammentreffen technischer Pannen, Versäumnisse und die Blendung der britischen Radargeräte wurden die deutschen Schiffe erst kurz vor Erreichen der Dover-Calais-Enge gegen Mittag des 12. Februar 1942 von einem *Spitfire*-Aufklärer geortet, dessen Meldung aber zu spät kam, um die Küstenbatterien von Dover noch zu alarmieren. Auf dem Bild unten feuert die schwere Flak der *Prinz Eugen* auf die dann angreifenden *Swordfish*-Torpedoflugzeuge.

Das Bild auf der vorhergehenden Doppelseite zeigt den deutschen Verband beim Kanaldurchbruch am 12. Februar 1942 bei bewegter See und sehr diesiger Sicht. Von links nach rechts: ein Torpedoboot der 3. T-Flottille, die *Gneisenau,* ein Zerstörer der 5. Z-Flottille, im Dunst die *Scharnhorst,* am rechten Rand ein Torpedoboot der 5. T-Flottille.

Nach dem Passieren der Enge wurden die von Dover und Ramsgate ausgelaufenen 8 britischen Motortorpedoboote von der deutschen Sicherung abgefangen und konnten keine Treffer erzielen. 6 *Swordfish*-Torpedoflugzeuge wurden sämtlich von Jägern und Bordflak abgeschossen, und die 28 *Beaufort*-Torpedoflugzeuge des RAF Coastal Command und die 242 vom Bomber Command eingesetzten Flugzeuge fanden den Verband nicht oder verfehlten die Schiffe mit ihren Bomben. Auch die Angriffe der 5 von Harwich ausgelaufenen Weltkrieg-I-Zerstörer scheiterten im deutschen Abwehrfeuer.

Doch auf dem weiteren Marsch entlang der niederländischen Küste wurden die *Scharnhorst* durch zwei Minen, die *Gneisenau* durch eine Mine beschädigt, die britische Flugzeuge improvisiert gelegt hatten, doch konnten die Schiffe weiterlaufen. Der Kanaldurchbruch wurde als ein schwerer Schlag für den Stolz der Royal Navy empfunden. Nicht vergessen werden sollte, daß das Bomber Command während der Liegezeit der Schiffe in Brest nicht weniger als 3413 t Bomben auf sie abgeworfen und dabei 127 Flugzeuge verloren hatte. Aber in der Nacht vom 26. auf den 27. Februar 1942 traf bei einem Angriff auf Kiel eine Bombe das Vorschiff der im Dock liegenden *Gneisenau,* verursachte schwere Schäden und tötete 116 Mann der Besatzung. Der geplante Umbau des Schiffes auf 38-cm-Geschütze wurde mit der von Hitler im Januar 1943 angeordneten Außerdienststellung der schweren Schiffe aufgegeben, und die *Gneisenau* kam nicht wieder in Fahrt.

Mit der Verlegung der *Tirpitz* und anderer schwerer Schiffe nach Norwegen (siehe Seite 78) blieb für die britische Admiralität die Gefahr eines Ausbruchs dieser Schiffe auf die atlantischen Seewege weiterhin akut. Die Briten planten daher, das einzige für die *Tirpitz* in Frankreich verwendbare Dock, die große Schleuse in St. Nazaire, zu zerstören. Der durch einen Umbau seiner Schornsteine einem deutschen Torpedoboot ähnelnde Zerstörer *Campbeltown* (ex *Buchanan),* einer der 50 ehemals amerikanischen Zerstörer, sollte überraschend nachts anlaufen und das Schleusentor rammen, während von Motortorpedobooten und Motorbarkassen abgesetzte Kommandos Hafenanlagen und den U-Boot-Stützpunkt zerstören sollten. Das Bild oben zeigt die *Campbeltown,* die etwa 1000 m vor ihrem

Ziel in schweres deutsches Abwehrfeuer geraten war, nach dem Rammen des Schleusentors am 28. März 1942. Bei der Explosion der eingebauten Zeitzünder-Sprengladung kamen zahlreiche deutsche Soldaten um, die das Schiff untersuchen wollten. Der Raid kostete 397 Briten das Leben und hatte sein Ziel erreicht.

Im ersten Halbjahr 1942 diskutierten die britischen und amerikanischen Führungsstäbe, ob schon 1942 („Sledgehammer") oder wenigstens 1943 („Roundup") eine Landung in Frankreich möglich sei (siehe Seite 118). Die Briten hatten mit ihrer skeptischen Einschätzung für 1942 zunächst die Landung in Nordafrika durchgesetzt. Aber man wollte für die viel schwierigere Invasion in Frankreich Erfahrungen sammeln. So kam es zur Operation „Jubilee", einer überfallartigen Landung bei Dieppe an der Kanalküste am 19. August 1942. 6100 überwiegend kanadische Truppen wurden von 9 Infanterie-Landungsschiffen antransportiert und mit Landungsbooten gelandet. Zur Unterstützung standen neben Flugzeugen und Minensuchern 8 Zerstörer der *Hunt*-Klasse bereit. Beim Anmarsch geriet ein Teil der Landungsflotte in Kontakt mit einem kleinen deutschen Küstengeleit, so daß auf deutscher Seite frühzeitig Alarm ausgelöst wurde. Küstenartillerie und Teile der 302. Infanteriedivision, von Jagdbombern unterstützt, warfen sich den landenden Kräften entgegen, die schon am Mittag, ohne die meisten ihrer Ziele erreicht zu haben, wieder eingeschifft werden mußten. 1179 Mann waren gefallen, 891 verwundet, und 2190 gerieten in Gefangenschaft. 1 Zerstörer und 33 Landungsboote sowie alle 30 Panzer (Bild unten) und 106 Flugzeuge waren verloren. Die deutschen Verluste betrugen 311 Tote und Vermißte, 280 Verwundete sowie 48 Flugzeuge.

Der Angriff auf Dieppe bestätigte die Bedenken des Chefs des Empire-Generalstabes, General Sir Alan Brooke, gegen eine Landung mit unzureichenden Kräften in Frankreich. Zugleich wurden jedoch die gewonnenen bitteren Erfahrungen für die weitere Entwicklung der Landungstechnik und für die Vorbereitung der Invasionen in Nordafrika und in Frankreich genutzt.

Nachdem es den vor allem aus umgebauten Fischereifahrzeugen bestehenden deutschen Sicherungsstreitkräften bis 1942 gelungen war, ihre meisten Geleite durch den Kanal zu bringen, gewannen die britischen „Coastal Forces" und die Flugzeuge des RAF Coastal Command ab 1943 immer mehr die Oberhand. Motortorpedoboote, die von Motorkanonenbooten und Jagdbombern unterstützt wurden, griffen aufgrund der Radarortungen der Küstenstationen die Geleite immer häufiger an und verursachten Verluste. Kampfkräftigere Torpedoboote konnten nur den wichtigsten deutschen Geleiten beigegeben werden.

Einen immer größeren Aufwand erforderte auch die vorwiegend vom RAF Bomber Command geführte Luftminenoffensive im Kanal, vor der niederländischen Küste und in der Deutschen Bucht. Doch gelang es den deutschen Minensuchern, teils größeren Booten der Typen 35 und 40, von denen eine Anzahl in Holland gebaut worden war, teils Räumbooten, aber auch umgebauten Fischereifahrzeugen, minenfreie Wege vor den Geleiten zu räumen.

Für offensive Einsätze standen auf deutscher Seite nur die Schnellboote zur Verfügung, die meist aufgrund des abgehörten englischen Funksprechverkehrs gegen erkannte alliierte Konvois angesetzt wurden. Aber die Verbesserung der Waffen und die Ausrüstung der Geleitfahrzeuge mit Radar machten deutsche Torpedoangriffe immer schwieriger, so daß man mehr und mehr zu Minenunternehmungen überging.

Gelegentlich kam es im Kanal zu nächtlichen Gefechten größerer Einheiten, so als am 23. Oktober 1943 fünf deutsche Torpedoboote eine angreifende britische Gruppe mit Torpedofächern überraschten und den Kreuzer *Charybdis* und von den 7 beteiligten Zerstörern die *Limbourne* versenkten. Am 26. und 29. April 1944 gingen bei ähnlichen Gefechten die deutschen Torpedoboote *T 29* und *T 27* und der kanadische Zerstörer *Athabaskan* unter. Die meist auf kürzeste Entfernung in unübersichtlichen Lagen ausgefochtenen Zusammenstöße der britischen Motorkanonen- und -torpedoboote mit den deutschen Schnellbooten oder Sicherungsfahrzeugen führten auf beiden Seiten zu erheblichen Verlusten.

Mit der Verlegung der deutschen U-Boot-Basen nach Frankreich war die Sicherung der Reparaturwerften in den Häfen durch den Bau großer U-Boot-Bunker vordringlich. Das britische RAF Bomber Command versäumte es, diese Anlagen während des Baus anzugreifen. Als man dann im Frühjahr 1943 schwere Luftangriffe gegen die U-Boot-Häfen richtete, war es zu spät, kein U-Boot wurde zerstört, aber die Zivilbevölkerung hatte eine große Zahl an Toten zu beklagen.

Von größter Bedeutung für den U-Boot-Krieg war auch die Sicherung der Aus- und Einlaufwege der U-Boote in der Biskaya. Der immer wieder unternommene Versuch der Alliierten, eigene U-Boote gegen die deutschen U-Boote einzusetzen, brachte nur 1940 zwei Erfolge. Man ging deshalb zu einer intensiven Verminung der Wege mit schnellen Minenlegern, einem französischen Minen-U-Boot und vor allem Mineneinsätzen britischer Flugzeuge über. Diese sich von 1940 bis 1944 ständig steigernde Minenoffensive erforderte von deutscher Seite aufwendige Gegenmaßnahmen. Zu Sperrbrechern umgebaute Frachter (einen von ihnen, den *Sperrbrecher 7*, ex *Sauerland*, zeigt das Bild oben bei einer Geleitfahrt in der Biskaya) und als Minensucher hergerichtete Fischtrawler und -logger, die man in französischen Häfen vorgefunden hatte, führten Minengeleite durch. 1940 wurden 178 deutsche und italienische U-Boote ohne Verluste geleitet, 1941 waren es bei einem einzigen Verlust 637 Boote, 1942 bei 2 Verlusten 866, 1943 bei einem Verlust 971 und 1944 bei 3 Verlusten 420.

Im Juli 1942 begann die 19th Group des RAF Coastal Command von Südwest-England aus mit Luftangriffen gegen die aus- und einlaufenden U-Boote in der Biskaya. Bis zur Jahreswende konnten diese sich den Angriffen meist rechtzeitig durch Tauchen entziehen. 6 U-Boote gingen verloren. Die Einführung des 9-cm-Radar in Verbindung mit der Ausrüstung eines Teiles der britischen Flugzeuge mit dem „Leigh Light"-Scheinwerfer ließ die Ausfälle im ersten Halbjahr 1943 dramatisch auf 15 Versenkungen ansteigen. Der Versuch, die U-Boote gruppenweise marschieren zu lassen, um die verstärkte Flak gemeinsam nutzen zu können, wurde mit massiertem Einsatz der Flugzeuge beantwortet und führte bis Ende des Jahres zu weiteren 22 Verlusten und vielen schweren Schäden.

Für die deutsche Kriegswirtschaft war die Versorgung mit Mangelrohstoffen, insbesondere Kautschuk, aus Ostasien von größter Bedeutung. Während der Wintermonate mit ihren längeren Nächten wurden deshalb ab 1940/41 die ersten 5 schnellen deutschen und italienischen Motorfrachter als Blockadebrecher von Japan nach Frankreich auf die Reise geschickt, von denen 3 in Bordeaux eintrafen. 1941/42 gingen von Frankreich aus 7 Schiffe in See, von denen 6 in Japan ankamen, während von den von dort kommenden 12 Schiffen 9 Bordeaux erreichten. Von August bis Dezember 1942 liefen von Bordeaux 15, von Dairen, Yokohama und Kobe 9 Schiffe aus. Noch 9 der Frachter aus Bordeaux und 3 der aus Japan erreichten ihr Ziel, 2 waren schon im Indischen Ozean abgefangen worden. Die größten Probleme warf aber der Durchbruch in die Biskaya auf. Deshalb wurden vom 5. bis 8. März 1943 vier kampfkräftige deutsche Zerstörer durch den Kanal nach Bordeaux verlegt, um die 6 auf dem Weg nach Frankreich befindlichen Blockadebrecher ein- und 4 Schiffe herauszubringen. Aber von den einlaufenden Schiffen wurde eines irrtümlich von einem deutschen U-Boot versenkt, 2 wurden im Südatlantik und in der Dänemarkstraße von Kreuzern abgefangen, 2 gingen westlich der Biskaya außerhalb der Reichweite der Zerstörer ins britische Netz. Nur die italienische *Pietro Orseolo* wurde von den Zerstörern, zwar durch einen U-Boot-Torpedo beschädigt, gegen Luftangriffe geschützt und eingebracht. Von den auslaufenden Schiffen gelangten nur zwei nach Japan.

1943/44 sollten nochmals 5 Schiffe aus Japan kommen. Obgleich die Alliierten durch die „Ultra"-Funkentschlüsselung indirekt gewarnt waren, kamen die ersten beiden bis in die Biskaya, wo sie in zwei Unternehmungen von je 6 deutschen Zerstörern und Flottentorpedobooten eingeholt werden sollten. Die Operation gelang nur mit der *Osorno*. Die *Alsterufer* wurde dagegen am 27. Dezember 1943 von einem Bomber mit tschechischer Besatzung in Brand geworfen (Bild rechts oben) und ging unter. Die in die Biskaya ausgelaufenen Zerstörer wurden am 28. Dezember von den britischen Kreuzern *Glasgow* und *Enterprise* abgefangen, die in schwerem Wetter den Führerzerstörer *Z 27* und die Torpedoboote *T 25* und *T 26* versenkten. Das Bild rechts zeigt 2 der Flottentorpedoboote kurz vor dem Gefecht.

Auf dem Bild links stürmen im Morgengrauen des 6. Juni 1944 im Abschnitt „Omaha“ Infanteristen der 1. US-Division aus einem von der US Coast Guard bemannten LCVP-Landungsboot bei Vierville durch brusthohes Wasser an den Strand der Normandie.

Die mit solchen Szenen beginnende größte bisher dagewesene amphibische Operation hatte eine lange Vorgeschichte. Auf der „Arcadia“-Konferenz in Washington im Dezember 1941 hatten Roosevelt und Churchill entschieden, daß es auch nach dem Eintritt Japans in den Krieg bei der vereinbarten „Europe first“-Strategie bleiben müsse, um den gefährlichsten Gegner Deutschland, der sich in seiner „Festung Europa“ etabliert hatte, zuerst niederzuringen. Über den Weg zu diesem Ziel gab es aber immer wieder Meinungsverschiedenheiten zwischen den amerikanischen und britischen Stabschefs.

Im Frühjahr 1942 untersuchten amerikanische Planer die Möglichkeiten amphibischer Landungen an allen europäischen Küsten und kamen zu dem Schluß, daß nur die Nordfrankreichs innerhalb der Reichweite landgestützter Flugzeugeinsätze lagen und nur das dortige Terrain entscheidungsuchende Operationen bis ins Herz Deutschlands erlaubte, während an allen anderen Küsten Gebirge den Weg dorthin blockierten. Sie empfahlen deshalb, im Frühjahr oder Sommer 1943 in Frankreich zu landen (Operation „Roundup“). Für den Fall einer Krise in Rußland wollten sie im Jahr 1942 schon eine Operation „Sledgehammer“ zur Wegnahme der Halbinsel Cotentin vorsehen.

Die Briten hielten den Aufbau einer für den Kampf mit der deutschen Armee in Frankreich ausreichend starken Streitmacht nicht für durchführbar, solange der Sieg über die U-Boote nicht errungen war. Um jedoch die vorhandenen Kräfte zu nutzen, setzten sie deshalb im Sommer 1942 den Plan für die Operation „Torch“, die Landung in Nordafrika, durch und initiierten damit eine Mittelmeer-Strategie, die zu einer Verschiebung der Landung in Frankreich auf das Jahr 1944 führte (siehe Seiten 118 bis 128).

Der Stabschef der US-Armee, General Marshall, der auf der Konferenz von Casablanca im Januar 1943 nur zögernd einer Verschiebung von „Roundup" zugestimmt hatte, erreichte jedoch die Einsetzung eines Planungsstabes „Cossac" für die Ausarbeitung von Plänen für einen schnellen Übergang nach Europa im Falle eines deutschen Zusammenbruchs (Operation „Rankin") und für eine starke Angriffslandung in Frankreich 1944. Das Datum für diese auf der „Trident"-Gipfelkonferenz im Mai 1943 beschlossene Operation „Neptune/Overlord" sollte der 1. Mai 1944 sein.

Erste Aufgabe von „Cossac" war die Wahl des Landeplatzes. Er mußte in der Reichweite der in England stationierten Jagdflugzeuge liegen, sollte geeignete Strände besitzen und die baldige Einnahme wenigstens eines leistungsfähigen Hafens ermöglichen. Während die Armee-Planer das Gebiet des Pas de Calais bevorzugten, von wo aus der direkteste Weg ins Ruhrgebiet führte, machte Admiral Lord Mountbatten als britischer Chef für kombinierte Operationen deutlich, daß die Küste der Normandie gegen die oft starken westlichen Winde besser geschützt wäre und die deutschen Verteidigungsanlagen wesentlich schwächer seien als am Pas de Calais.

Auf der „Quadrant"-Konferenz in Quebec im August 1943 stellte General Morgan, der Stabschef von „Cossac", seinen Plan vor, der die Landung von 3 Divisionen in der Normandie, gefolgt von acht weiteren, und die Einnahme von Cherbourg innerhalb zwei Wochen vorsah. In Südfrankreich sollte eine gleichzeitige Landung stattfinden. Churchill forderte eine fünfundzwanzigprozentige Verstärkung der Landung, für die zusätzliche Landungsfahrzeuge zugeteilt werden mußten, die nur aus dem Mittelmeer durch eine Verschiebung der Landung in Südfrankreich oder aus dem Pazifik-Kontingent abgezogen werden konnten. Am 3. Dezember 1943 bestimmte Roosevelt General Eisenhower zum obersten alliierten Befehlshaber.

Die deutschen Führungsstellen erwarteten die Landung in Frankreich im Frühjahr 1944 und hatten die Kräfte ihres Oberbefehlshabers West verstärkt. Den Schwerpunkt sahen sie im Abschnitt der 15. Armee am Pas de Calais und erst in zweiter Linie bei der 7. Armee in der Normandie. Während Feldmarschall Rommel als Oberbefehlshaber der Heeresgruppe B die Panzerverbände möglichst nahe an der Küste wissen wollte, um sie trotz der erwarteten alliierten Luftüberlegenheit sofort zu Gegenangriffen auf die sich bildenden Brückenköpfe einsetzen zu können, hofften andere Generale auf eine Einschließung der gelandeten Kräfte durch Panzerkeile.

Mit einem auf lange Sicht groß angelegten Funkspiel täuschten die Alliierten der deutschen Aufklärung die Bereitstellung einer tatsächlich nicht vorhandenen 1. US Army Group in Südostengland für eine Landung am Pas de Calais vor, um die Kräfte der deutschen 15. Armee dort zu binden, was ihnen auch gelang.

Nach rollenden Luftangriffen mit 3467 schweren und 1645 mittleren und leichten Bombern unter dem Schutz von 5409 Jägern landeten in der Nacht zum 6. Juni 1944 aus 2316 Transportflugzeugen zwei US-Luftlande-Divisionen im Süden der Cotentin-Halbinsel und eine britische südostwärts von Caen. Ihnen folgten bei Morgengrauen von See her Truppen an fünf mit Decknamen bezeichneten Strandabschnitten: die 4. US-Division an der Ostküste der Cotentin-Halbinsel („Utah"), die 1. US Division bei Vierville („Omaha") sowie die 50. britische, 3. kanadische und 3. britische Division bei Arromanches („Gold"), Courseulles („Juno") und Lyon-sur-Mer („Sword"). Bis zum Abend des 6. Juni waren 109 715 Mann gelandet. Auf dem Bild oben landen Einheiten der britischen 3. Division mit Fahrrädern von LCI-Landungsbooten im Bereich „Juno" beim Bahnhof Bernières nördlich von Caen, um zu der landeinwärts aus der Luft abgesetzten 6. Luftlande-Division durchzustoßen.

Von besonderer Bedeutung in der ersten Phase der Operation „Neptune" war die Feuerunterstützung von See. Auf dem Bild links feuert der britische Monitor *Roberts* mit seinem 38,1-cm-Turm auf eine deutsche Küstenbatterie bei Houlgate. Im Hintergrund sieht man den britischen Kreuzer *Frobisher.* Beteiligt an dieser Küstenbeschießung waren 5 Schlachtschiffe, 2 Monitore, 20 Kreuzer, 2 Kanonenboote und 45 Zerstörer aus 6 Marinen. Insgesamt nahmen an den Landungen in den 5 Abschnitten teil 204 Minensucher und 43 Bojenleger, welche die Anmarschwege freisuchten und markierten, 5 Führungsschiffe, 55 große Transporter, 236 Panzerlandungsschiffe (LST) sowie 2484 mittlere und kleinere Landungs- und Hilfsfahrzeuge. Zur Feuerunterstützung waren 23 amerikanische, 49 britische, 3 französische, 3 polnische, 2 norwegische und 2 niederländische Schiffe eingesetzt. Bis zum 12. Juni waren 16 Divisionen mit 326 000 Mann, 54 000 Fahrzeuge und 104 000 t Nachschub aus der Luft und von See her gelandet. Die Verluste betrugen etwa 2500 Tote und 8500 Verwundete.

Zur Abwehr einer Landung war in der Normandie und auf der Halbinsel Cotentin das deutsche LXXXIV. Korps mit einer Luftlande-, 2 Infanterie- und 2 bodenständigen Divisionen aufgestellt, die über 43 Infanterie-Bataillone und 12 Artillerie-Abteilungen verfügten. Sie waren nur zum Teil in befestigten oder verbunkerten Stellungen untergebracht. Unterstützt wurden sie von einer Anzahl Heeres- und Marine-Küstenbatterien mit Kalibern von 10,5 bis 17 cm, zum Teil mit 1940 erbeuteten französischen Geschützen. Nur die Batterie Marcouf vor dem Strandabschnitt „Utah" besaß drei 21-cm-Geschütze. Auch diese Batterien waren nur zum Teil verbunkert. Vorstrandhindernisse, wie die im Bild rechts zu sehenden, sollten Landungen erschweren, waren jedoch ziemlich wirkungslos. Die deutsche Luftwaffe verfügte nur über 88 Bomber, 159 Jagdbomber und Aufklärer und 172 Jäger. An einsatzbereiten Seestreitkräften standen, abgesehen von den zur Abwehr der Invasionsflotte ungeeigneten Sicherungsfahrzeugen, 3 Zerstörer und 5 Torpedoboote in Brest und Le Havre, 34 Schnellboote in Ostende, Boulogne, Le Havre und Cherbourg sowie 37 U-Boote, davon 9 mit Schnorchel, in den Biskaya-Basen bereit. Vor der Küste waren ausgedehnte Minensperren gelegt worden. Weder die Luftwaffe noch die Schiffe und U-Boote konnten sich jedoch in den ersten Tagen gegen die starken Sicherungskräfte der Invasionsflotte durchsetzen und ins Gewicht fallende Erfolge erzielen.

Die größten Schwierigkeiten entstanden für die Alliierten am 6. Juni 1944 im „Omaha"-Brückenkopf, den das Bild rechts zeigt. Hier trafen die Angreifer auf die kampfbereite 352. Division und konnten nur unter Verlust von 3000 Toten und Verwundeten einen schmalen Brückenkopf halten. Ein Großteil der Verluste wurde durch Beschädigungen von Landungsbooten und Amphibienpanzern auf den Vorstrandhindernissen und ihr anschließendes Vollaufen verursacht. In dem mehr als mannstiefen Wasser konnten sich viele Soldaten mit ihrer schweren Ausrüstung nicht schwimmend halten und versanken. Kutter der US Coast Guard konnten aber, oft unter heftigem deutschen Geschützfeuer, immerhin rund 1500 Mann aus dem Wasser retten, darunter auch Seeleute von Schiffen, die auf deutsche Minen gelaufen waren. Die Aufnahme oben wurde von einem dieser Kutter aus gemacht, im Hintergrund ein anderer, der den im Wasser treibenden Kameraden zur Hilfe kommt.

Das Bild unten zeigt einen Teil des „Omaha"-Beach gegen Abend am 6. Juni: Am Strand tote Soldaten, zerstörte Lastwagen und ein *Sherman*-Tank, dahinter die Vorstrandhindernisse, links ein festsitzendes amerikanisches LST, im Hintergrund Transporter und zwischen ihnen und dem Strand verkehrende Landungsboote.

Im britischen Sektor stieß die einzige schon am 6. Juni verfügbare deutsche 21. Panzerdivision von Caen aus zwischen den Strandabschnitten „Sword" und „Juno" an die Küste durch, mußte sich jedoch unter dem Feuer der Schiffsartillerie zurückziehen. Auch die in den nächsten Tagen herankommenden deutschen Verstärkungen, deren Marsch durch gezielte Angriffe der alliierten Luftwaffen auf die Nachschubwege sehr verzögert wurde, konnten nicht verhindern, daß die alliierten Brückenköpfe sich bis zum 12. Juni zu einem gesicherten Landeraum von 85 km Breite und 10 bis 30 km Tiefe vereinigten. Eine Einwirkung in die Tiefe des Landeraums war den Deutschen kaum noch möglich.

Von Le Havre aus versuchten 4 deutsche Torpedoboote und die von Ostende und Boulogne dorthin verlegten Schnellboote der 4. und 5. S-Flottillen vom 6./7. bis 14./15. Juni allnächtlich, in den Landungsraum vorzudringen. Dabei konnten sie aber nur in der ersten Nacht den norwegischen Zerstörer *Svenner* und später 2 LST's versenken, während die von Cherbourg aus operierenden Schnellboote der 9. S-Flottille 2 LST's und 2 kleinere Landungsboote versenkten, aber auch selbst in den Nächten immer wieder Ausfälle durch Verluste und Beschädigungen zu beklagen hatten. Die 3 Zerstörer und ein Flottentorpedoboot, die am 8./9. Juni von Brest aus den Invasionsraum zu erreichen suchten, wurden von 4 britischen, 2 kanadischen und 2 polnischen Zerstörern abgefangen und verloren zwei Schiffe. Die schwersten Schiffsverluste jedoch erlitten die Alliierten durch Minen: Insgesamt gingen bis Ende Juni auf Minen 11 Schiffe, darunter 6 Zerstörer und 2 Minensucher, verloren, 23 Schiffe wurden beschädigt.

Von den 36 deutschen U-Booten der Gruppe „Landwirt", die von Brest, St. Nazaire, La Pallice und Lorient ausliefen, waren nur 9 mit einem Schnorchel ausgerüstet. Bis zum 9. Juni wurden von den anderen durch die alliierte Luftüberwachung 4 versenkt und 6 schwer beschädigt, so daß man die nicht mit Schnorcheln versehenen U-Boote zurückrufen mußte, da keine Chance bestand, mit ihnen in den Kanal vorzudringen. Zur Abwehr der Schnorchel-U-Boote hatten die Alliierten vor dem Westeingang des Kanals 6 britische und 4 kanadische „Support Groups" mit 3 Geleitträgern, 14 Zerstörern und 40 Fregatten bereitgestellt, von denen stets 6 in See waren. Von den 9 Schnorchel-U-Booten aus Frankreich hatten 4 keinen Erfolg gegen diese „Support Groups", 3 Boote gingen verloren. Erst am 15. Juni 1944 gelangten drei deutsche U-Boote in den Invasionsraum und versenkten 2 Fregatten und ein Landungsschiff. Am 29. Juni gelang *U 984* mit der Torpedierung von 4 Transportern der einzige größere Erfolg.

Da die Alliierten nicht damit rechnen konnten, einen leistungsfähigen Hafen schnell und unbeschädigt einzunehmen, hatten sie den Aufbau von zwei künstlichen sogenannten „Mulberry"-Häfen geplant. Man begann damit bereits am 7. Juni 1944 am „Omaha"-Beach und bei Arromanches im britischen Abschnitt „Gold". Zunächst wurden 53 alte Handels- und Kriegsschiffe („Gooseberries"), darunter das alte britische Schlachtschiff *Centurion,* das alte französische Schlachtschiff *Courbet,* der niederländische Kreuzer *Sumatra* sowie der polnische Kreuzer *Durban,* als Wellenbrecher versenkt, ergänzt durch schwimmende Stahlflöße, die man „Bombardons", und massive Senkkästen, die man „Phoenix" nannte. Innerhalb dieser Wellenbrecher wurden Festmacher für größere und kleinere Schiffe verankert und als „Whales" bezeichnete schwimmende Stahl-Ponton-Brücken für die direkte Anlandung von Fahrzeugen und Panzern aus Landungsschiffen durch das flache Wasser zum

auf Grund, vorn ein „Amphtrac"-Amphibienfahrzeug und die „Beach Party" mit ausgelegten Stahlnetzen.

Obgleich Stürme im Juni im Kanal eine Seltenheit sind, begann das Barometer am 18. Juni 1944 rasant zu fallen, und am 19. kam ein schnell anschwellender Nordost-Sturm auf, der die Anlandung von Truppen und Nachschub bald zum Erliegen kommen ließ. Er hielt bis zum 21. Juni unvermindert an und zerstörte den „Mulberry-A"-Hafen vor „Omaha" fast vollständig und warf rund 800 Landungsboote und Fähren an den Strand. Der Hafen vor Arromanches war durch seitliche Kliffs und den Windschatten der Halbinsel von Le Havre besser geschützt und konnte seine Tätigkeit am 21. Juni wieder aufnehmen. Statt der täglich etwa 22 570 t Nachschub hatten in den Sturmtagen nur etwa 3400 t gelandet werden können. Dadurch wurde eine Versorgungskrise ausgelöst, die aber auf deutscher Seite unerkannt blieb und nicht zu einem generellen Gegenangriff genutzt wurde. Auf der Luftaufnahme unten sieht man den Hafen „Mulberry-B" vor Arromanches mit den „Bombardon"-Wellenbrechern vorn, der Nordeinfahrt links, vier „Liberty"-Schiffen und den vom Strand aus führenden schwimmenden Ponton-Brücken zu den Piers für Küstenmotorschiffe und Landungsfahrzeuge.

Am 22. Juni trafen wieder 13 Truppentransporter, 38 Panzerlandungsschiffe vom Typ LST („Landing Ship Tank") und 30 Küstenschiffe ein, am 23. auch 165 der kleineren Landungsboote LCT („Landing Craft Tank") und 14 LCI's („Landing Craft Infantry"). Bis Ende Juni hatten insgesamt 180 Truppentransporter, 570 „Liberty"-Schiffe, 788 Küstenschiffe, 905 LST's, 1442 LCT's und 372 LCI's ihre Ladungen gelöscht: 861 838 Mann, 157 633 Fahrzeuge und 501 843 t Nachschubgüter.

Der Sturm und der Ausfall von „Mulberry-A" hatten die Einnahme von Cherbourg noch dringlicher gemacht. Das VI. US-Korps, das die Landverbindung Cherbourgs am 18. Juni unterbrochen hatte, griff am 22. Juni die eng eingeschlossene Festung an und zwang sie am 27. Juni mit kräftiger Artillerieunterstützung durch die Schlachtschiffe *Nevada, Texas* und *Arkansas* sowie die Kreuzer *Quincy, Tuscaloosa, Glasgow* und *Enterprise* zur Kapitulation.

Inzwischen hatten die für die Zeit der Invasion Eisenhower unterstellten strategischen Bomber in zwei schweren Angriffen die deutschen Überwasserschiffe in Le Havre und Boulogne ausgeschaltet.

Strand ausgelegt. Am Strand verstärkten Stahlnetze die Fahrwege.

Das Bild oben zeigt den Aufbau der künstlichen Häfen am Strandabschnitt „Omaha", im Hintergrund Transporter vor den versenkten „Gooseberry"-Frachtern, links eine Ponton-Fähre, im Vordergrund Panzerlandungsschiffe in flachem Wasser

Da der alliierte Angriff aus dem Brückenkopf gegen den harten deutschen Widerstand nur langsam Boden gewann, wurden das RAF Bomber Command und die strategische 8. US-Luftflotte nun auch eingesetzt, um mit konzentrierten Bombenteppichen den Heerestruppen den Durchbruch durch die deutschen Stellungen zu erzwingen. Zwei Versuche im Bereich der britischen 2. Armee am 8. und 17. Juli 1944 brachten zwar die Einnahme von Caen, liefen sich aber dann wieder fest. Erst ein Einsatz, bei dem westlich von St. Lô 4200 t Bomben auf ein Gebiet von 2,4 mal 5,5 km fielen, öffnete dem VII. US-Korps am 25. Juli den Weg zum Ausbruch aus dem Brückenkopf. Am 31. Juli erreichten die Amerikaner Avranches und stürmten in den folgenden Tagen in die Bretagne und in Richtung auf Le Mans vor. Ein von Hitler befohlener Gegenangriff bei Mortain am 6. August, den die alliierte „Signal Intelligence“ rechtzeitig erkannt hatte, scheiterte und führte zur Einschließung eines großen Teiles der 7. Armee und der 5. Panzer-Armee bei Falaise. Aus dem Kessel brachen noch Teile der Verbände aus, aber 45 000 Deutsche gerieten in Gefangenschaft.

Damit war die größte amphibische Operation der Geschichte abgeschlossen. Sie hatte auf beiden Seiten große Verluste verursacht. Bis zum 23. Juli hatten die Alliierten 122 000 Tote, Verwundete und Vermißte zu beklagen, die Deutschen etwa 117 000. Bis zum Ende der Schlacht um den Kessel von Falaise stiegen die deutschen Ausfälle auf rund 400 000 Mann einschließlich der Gefangenen.

Auf dem Bild oben tragen deutsche Gefangene einen schwer verwundeten Kameraden vorbei an neu gelandeten amerikanischen Soldaten zu einem Landungsboot, das ihn zur Behandlung auf eins der vor der Küste liegenden Schiffe bringen soll.

Vom 25. August bis Mitte September 1944 zogen sich die deutschen Truppen auf den Westwall, den Albert-Kanal und die Schelde-Mündung zurück, und nach dem vor Arnheim letzlich gescheiterten britischen Durchbruch am 22. September und der Räumung und Flutung der Insel Walcheren durch die Deutschen, bevor die Alliierten dort am 1. November landeten, kam die Front an Maas und Niederrhein zum Stehen. Die Deutschen versuchten, vor dem Andringen der Alliierten ihre auf holländischen Werften liegenden Schiffe in Geleiten nach deutschen Häfen in Sicherheit zu bringen. Diese wurden zum Angriffsziel der *Mosquito*-Bomber und *Beaufighter*-Torpedoflugzeuge des RAF Coastal Command, die von September 1944 bis April 1945 an der niederländischen Küste und in der südlichen Nordsee in 6135 Einsätzen bei 69 eigenen Flugzeugverlusten 88 deutsche Schiffe, geschleppte Neubauten, Hilfskriegsschiffe, Schnellboote und Kleinkampfmittel versenkten. Zahlreiche weitere Schiffe und Fahrzeuge wurden beschädigt, und viele deutsche Seeleute kamen ums Leben. Das Bild unten zeigt britische *Beaufighters* der Squadrons 143, 236 und 254, die am 17. September 1944 vor Helgoland deutsche Vorpostenboote angreifen. Das Boot *V 1201* wurde versenkt, *V 1202* schwer beschädigt und sank dann nach einem Minentreffer.

Von deutscher Seite versuchten seit Herbst 1944 bis zum Frühjahr 1945 immer wieder Schnellboote und Kleinkampfmittel, an die alliierten Schiffe vor der englischen Südostküste heranzukommen. Sie erzielten nur geringe Erfolge, hatten aber beträchtliche Verluste, bis Bombenangriffe ihre Basen zerstörten und dadurch ihren Einsatz zum Erliegen brachten.

Schlacht im Atlantik IV

25. Mai 1943 – 8. Mai 1945

Anfang Mai 1943 waren am Konvoi ONS. 5, gegen den die größte je auf einen Geleitzug angesetzte Zahl deutscher U-Boote operiert hatte, 6 U-Boote verlorengegangen. Und bei den folgenden beiden Doppeloperationen gegen die Konvois HX. 237 und SC. 129 sowie HX. 239 und SC. 130 waren die deutschen U-Boot-Gruppen trotz hervorragender Hilfe durch die Funkentschlüsselung des xB-Dienstes nicht an die ausweichenden und durchgehend aus der Luft gesicherten Konvois herangekommen. Die von monatlich 14, 13 und 12 auf 31 Boote emporschnellenden Verluste veranlaßten den Befehlshaber der U-Boote, am 24. Mai den Kampf gegen die Nordatlantik-Konvois abzubrechen, die U-Boote auf die USA-Gibraltar-Route zu ziehen und noch einmal in entferntere Gebiete mit schwächerer Abwehr auszuweichen. Dazu war die Entsendung der verfügbaren U-Tanker in den Mittelatlantik erforderlich. Während *U 488* im Gebiet der Azoren Anfang Juni die 14 U-Boote der Gruppe „Trutz“ und später 8 weitere Heimkehrer mit Brennstoff auffüllen konnte, wurde das als Hilfsversorger eingesetzte große Minen-U-Boot *U 118* am 12. Juni von 8 Flugzeugen des US-Geleitträgers *Bogue* angegriffen (was das Bild unten zeigt) und versenkt.

Durch „Ultra“-Entschlüsselung hatten die Engländer die Räumung des Nordatlantik und die Aufstellung der Gruppe „Trutz“ erkannt, so daß die USA-Gibraltar-Konvois umgeleitet werden konnten. Aber im Juli 1943 errangen die einzeln in entfernten Gebieten operierenden U-Boote nochmals Erfolge, was „Ultra“ nicht verhindern konnte. Auf dem Bild rechts werden Überlebende eines durch ein deutsches U-Boot versenkten britischen Frachters von einem US Coast Guard Cutter geborgen.

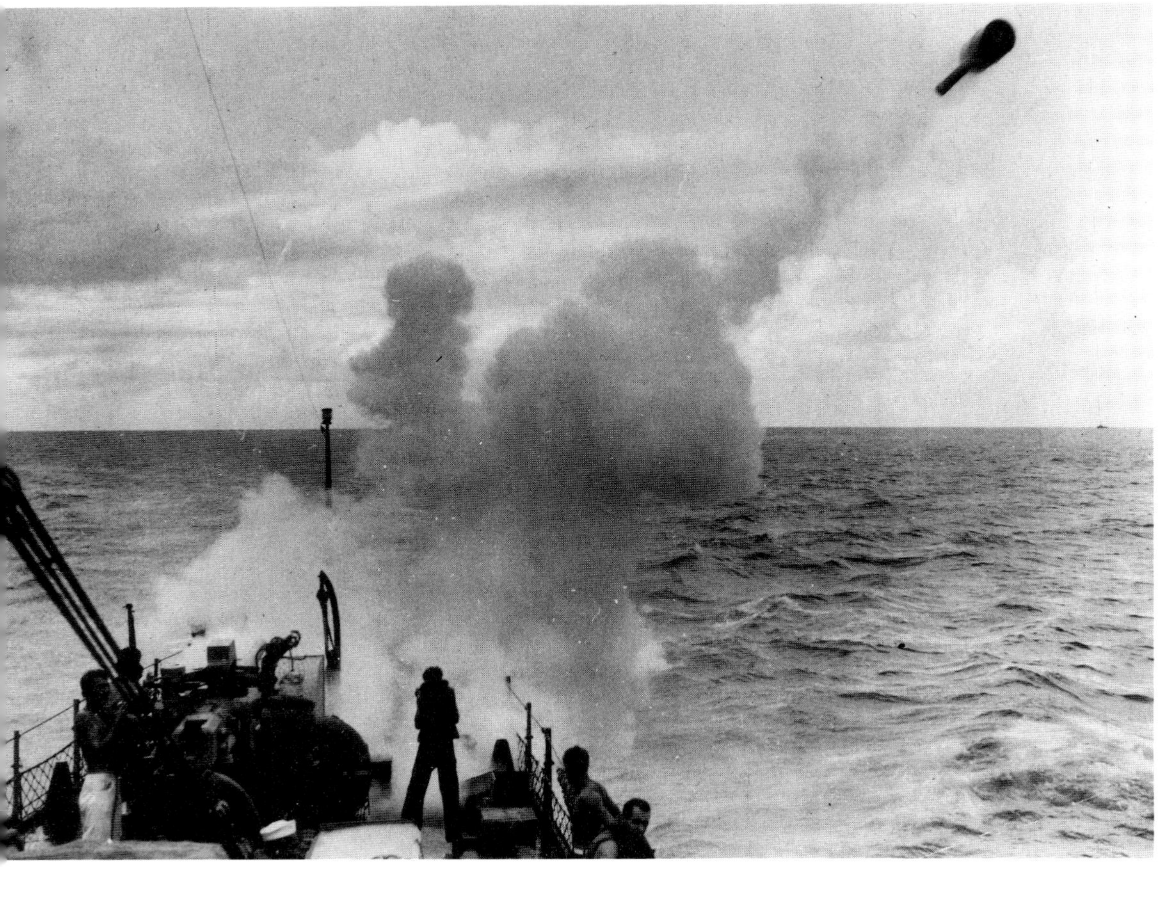

Im Juli 1943 hatte die Zahl der Handelsschiff-Neubauten erstmals die Zahl der Verluste überschritten. Immer mehr der in den USA in Massenproduktion gebauten „Liberty"-Schiffe überquerten, wie auf dem Bild oben, in großen Konvois den Nordatlantik. Von Ende Mai bis Mitte September 1943 waren sie von U-Booten kaum gefährdet, da diese ihr Operationsgebiet in den Mittelatlantik und an die afrikanischen und mittel- und südamerikanischen Küsten verlegt hatten. Und im Mittelatlantik machten die zur Unterstützung der USA-Gibraltar-Konvois eingesetzten amerikanischen „Hunter-Killer-Groups" mit je einem Geleitträger und 3 bis 5 Zerstörern den dort auf Aus- und Rückmarschierer wartenden U-Tankern das Leben schwer. War ein U-Boot einmal erfaßt, wurde es unbarmherzig gejagt. Auf dem Bild links wirft ein US-Zerstörer eine Wasserbombe, auf dem Bild rechts ein anderer, der von einem von Marokko kommenden *Catalina*-Flugboot herangeführt wurde, einen Wasserbombenteppich auf ein getauchtes U-Boot.

Auf der Casablanca-Konferenz im Januar 1943 hatten Churchill und Roosevelt mit ihren Stabschefs den Sieg über die U-Boote an die Spitze ihrer Prioritäten-Liste gesetzt. Die Anfang März tagende Atlantik-Konferenz der beteiligten amerikanischen, britischen und kanadischen Stäbe hatte als wichtigstes Erfordernis die Schließung des „Luftlochs" über dem Nordatlantik durch die Zuteilung von „Very Long Range"-(VLR)-*Liberators* genannt. Bis zum Mai 1943 wurde je eine Staffel in Nordirland, auf Island und auf Neufundland mit je 15 dieser Maschinen ausgerüstet. Sie hatten entscheidenden Anteil an der Wende des Mai 1943.

Ein weiteres Erfordernis war die Bildung von „Support Groups", die aus je einem Geleitträger und 3 bis 5 Zerstörern bestehen sollten. Obgleich bis Ende 1942 in den USA bereits 19 Geleitträger fertiggestellt waren, von denen die Royal Navy 7 erhalten hatte und zu denen noch ein weiterer aus britischer Produktion kam, dauerte es bis Ende März beziehungsweise Mai 1943, bis die USS *Bogue* und die HMS *Archer* im Nordatlantik auftraten, und bis Ende Mai 1943, ehe dort die ersten 5 „Support Groups", meist nur mit 4 bis 5 Zerstörern, die Konvois durch die von der „Ultra"-Funkentschlüsselung in ihrer Aufstellung erkannten U-Boot-Gruppen hindurchboxten. Die britischen Geleitträger waren anfangs mit 9 *Swordfish*-Flugzeugen für die U-Boot-Bekämpfung und 3 *Martlet*-Jägern ausgerüstet, später erhielten sie (wie auf dem Bild oben zu sehen) modernere Flugzeuge wie *Avengers* für die U-Jagd und *Wildcat*- oder *Hellcat*-Jäger.

Während die britischen Geleitträger 1943 ihre „Support Groups" meist mit von der „Home Fleet" detachierten Flotten-Zerstörern bildeten, wurden bei den ab Juli 1943 im Mittelatlantik eingesetzten amerikanischen „Hunter-Killer-Groups" die älteren Weltkriegs-I-Zerstörer durch die neuen Geleitzerstörer ersetzt. Das Bild rechts zeigt den US-Geleitzerstörer *Liddle* der *Buckley*-Klasse im Mai 1944. Diese 1400 ts großen Schiffe hatten turbo-elektrischen Antrieb und waren mit drei 76-mm-, einem 28-mm-Vierlings- und acht 20-mm-Geschützen sowie einem Drillings-Torpedorohrsatz bewaffnet. Sie besaßen Radar-, Sonar- und HF/DF-Ortungsgeräte sowie zur U-Boot-Bekämpfung 8 Wasserbombenwerfer und 2 Wabo-Ablaufbühnen am Heck, die im Photo gut erkennbar sind, sowie vor der Brücke den „Hedgehog"-Werfer. Auch die Royal Navy erhielt solche Schiffe, aus denen ab Ende 1943 neue „Escort Groups" formiert wurden.

Die leistungsfähigsten britischen U-Jäger waren neben Zerstörern, Korvetten und Fregatten die Sloops, die unter anderem die erfolgreichste 2nd Escort Group bildeten.

Die deutsche U-Boot-Führung hoffte, den im Mai 1943 erlittenen Rückschlag in der Konvoi-Bekämpfung im Nordatlantik nach der Bereitstellung neuer Waffen überwinden zu können, und wollte bis dahin die U-Boote in Gebieten mit geringerer Abwehr einsetzen.

Eine Möglichkeit dazu schien der Indische Ozean zu bieten, nachdem gerade eine Gruppe von 6 großen Typ-IXD2-Booten, von einem aus der japanischen Basis Penang kommenden Tanker versorgt, im Raum um Madagaskar 32 Schiffe versenkt hatte.

Einem von japanischer Seite schon seit Dezember 1942 geäußerten Wunsch entsprechend, sollten im Juli 1943 neun Typ-IXC-Boote mit einem U-Tanker in den nördlichen Indischen Ozean vorstoßen und anschließend von Penang aus operieren. Doch 3 U-Boote fielen schon auf dem

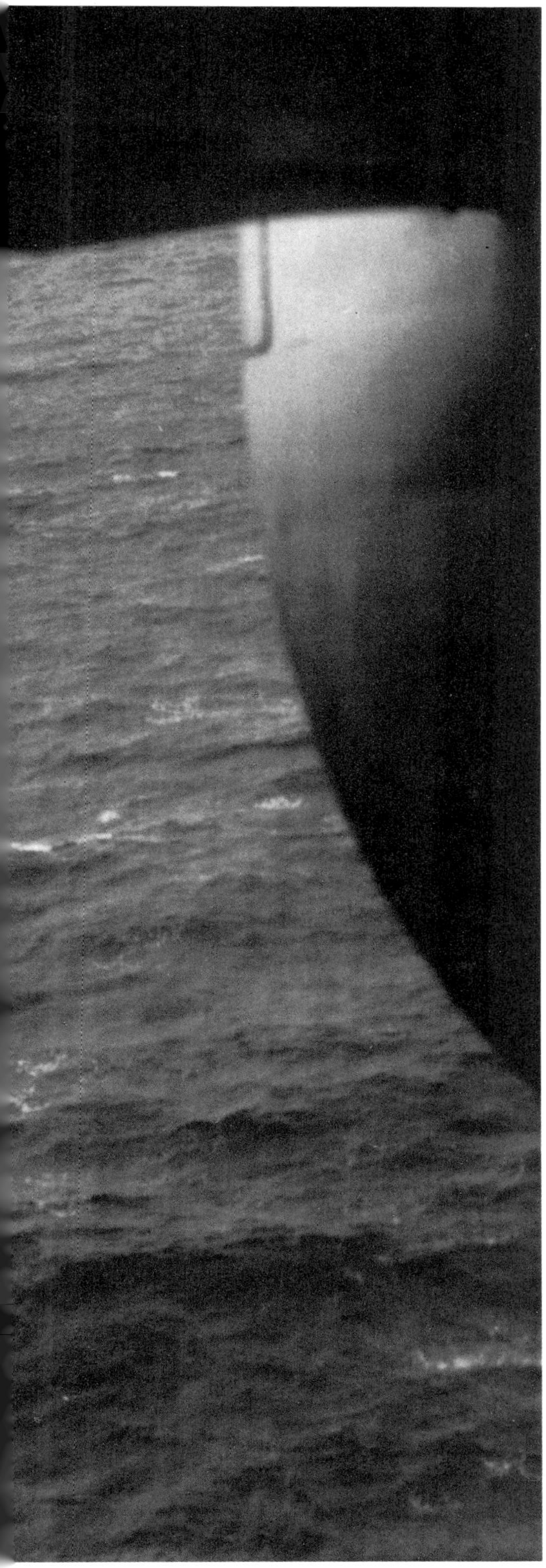

Ausmarsch ins Gebiet der Azoren alliierten Flugzeugen zum Opfer, und der U-Tanker mußte beschädigt umkehren. Die improvisierte Versorgung zwischen Azoren und Kapverden führte zu weiteren Verlusten durch amerikanische „Hunter-Killer Groups", weshalb schließlich nur 5 der Typ-IXC-Boote der Gruppe „Monsun" den Indischen Ozean erreichten, wo inzwischen das Konvoi-System ausgedehnt worden war, so daß ihnen bis Ende September nur 6 Schiffe und 6 Dhaus zum Opfer fielen.

Die US-Atlantik-Flotte hatte mittlerweile ihre Überwachung der Enge Freetown-Natal im Südatlantik mit Flugzeugen verstärkt, die von brasilianischen Basen und der Insel Ascension operierten und die Schiffe der 4. Flotte unterstützten. Von den der Gruppe „Monsun" folgenden IXD2-Booten wurde *U 848* am 5. November 1943 südwestlich der Insel Ascension durch 4 dort gestartete *Liberator*-Bomber und 2 auf der Überführung nach Afrika befindliche Armee-Bomber angegriffen und versenkt.

Von einem der Flugzeuge aus wurde das Bild links aufgenommen, das Einschläge der Bordwaffen und die Detonation einer Wasserbombe neben dem Boot zeigt. Ähnlich erging es dem folgenden *U 849* am 25. November, während *U 850* am 20. Dezember von 5 Trägerflugzeugen der *Bogue* versenkt wurde. 192 Mann gingen mit diesen Booten unter.

Die im Juli 1943 an die brasilianische Küste entsandten 9 deutschen U-Boote versenkten 5 Schiffe aus Konvois und 13 Einzelfahrer sowie 2 Segler. Aber allein im Juli fielen 5 der U-Boote amerikanischen und brasilianischen Flugzeugen zum Opfer. Ungewöhnlich war das Schicksal von *U 604,* das am 30. Juli von einem *Ventura*-Bomber, der den brasilianischen Konvoi TJ. 2 sicherte, schwer durch Wasserbomben beschädigt wurde, was das Bild unten zeigt. Auf die Funkbitte des Kommandanten um Hilfe wurde für den 3. August ein Treffen von *U 604* mit *U 185* und *U 172* befohlen, doch hatten die Amerikaner das Funksignal entziffert. Ein *Liberator* von Ascension beschädigte daraufhin *U 185,* während der Zerstörer *Moffett U 604* mit Wabos und Artillerie schwer anschlug. Der Befehl für ein neues Treffen am 11. August wurde wieder entziffert, und bei der Übernahme der Besatzung des gesprengten *U 604* durch *U 185* griff die gleiche *Liberator* das U-Boot an, wurde aber von diesem abgeschossen. Am 24. August haben dann amerikanische Trägerflugzeuge *U 185* versenkt. Von 8 Besatzungen fielen 289 Mann, 84 gerieten in Gefangenschaft.

Das Bild oben aus dem November 1943 zeigt einen Blick in einen der in den französischen Stützpunkten zum Schutz gegen alliierte Luftangriffe erbauten Betonbunker. Hier ließ die deutsche U-Boot-Führung seit Juni 1943 ihre Boote mit neuen Funkmeß-Beobachtungsgeräten „Hagenuk Wanz", einer auf einen 2-cm-Vierling und zwei 2-cm-Zwillinge verstärkten Fla-Bewaffnung sowie den neuen Zielsuch-Torpedos „Zaunkönig" ausrüsten. Sie hoffte, damit im Herbst den Geleitzugkampf wieder aufnehmen zu können. Zu ihrer eigenen Überraschung gelangte die Ende August auslaufende Gruppe „Leuthen" mit 20 U-Booten ohne Ausfälle durch die Biskaya in den Atlantik, wurde versorgt und im September in eine Aufstellung vor die erwarteten Konvois ON. 202 und ONS. 18 gezogen. „Ultra"-Entschlüsselungen kamen diesmal zu spät, um den Konvois das Ausweichen zu ermöglichen. Da die alliierte Luftsicherung im Atlantik wegen der Konzentration auf die Biskaya noch schwach war, kamen 12 Boote an die Konvois heran und fuhren 24 Angriffe mit dem „Zaunkönig", bei denen sie meinten, 12 Zerstörer versenkt zu haben. Außerdem hatten sie 7 Handelsschiffe torpediert. Aus der Entzifferung der Erfolgsmeldungen gewannen die Alliierten wichtige Erkenntnisse für die Abwehr dieser Torpedos, während man auf deutscher Seite die Erfolge durch zahlreiche Kielwasser- und Enddetonierer erheblich überschätzte. Tatsächlich waren nur 4 Escorts und 7 Dampfer getroffen worden. Während die U-Boot-Führung den vermeintlichen Erfolg nutzen wollte und U-Boot-Gruppen für den nächsten Angriff bildete, entsandten die Alliierten ihre Langstreckenflugzeuge und „Support Groups" wieder auf die Konvoi-Routen. Die Escorts wurden mit zur Abwehr der akustisch zielsuchenden Torpedos entwickelten „Foxer"- und „Cat"-Geräuscherzeugern ausgerüstet.

Da die „Ultra"-Entzifferungen im Oktober und November 1943 dank der amerikanischen „High Speed Bombs" immer frühzeitiger vorlagen, so daß bedrohte Konvois zusätzliche Luft- und Seesicherung erhalten konnten, schlugen alle Versuche der U-Boot-Führung fehl, nochmals erfolgreich gegen die Nordatlantik-Konvois zu operieren, und am 7. November mußte Dönitz die Operationen erneut abbrechen. Jetzt blieb nur die Möglichkeit, mit den alten Booten den Kampf hinhaltend fortzusetzen, um die alliierten Kräfte zu binden, bis die im Bau befindlichen neuen U-Boote an die Front kamen. Da die in der Entwicklung begriffenen revolutionären Walter-U-Boote nicht rasch genug zu fertigen waren, wurden alle Anstrengungen auf den Sektionsbau der schnellen Elektro-Boote des großen Typs XXI und des kleinen Typs XXIII konzentriert, von denen 190 beziehungsweise 110 in Auftrag gegeben wurden. Die Boote des Typs XXI sollten mit ihrer hydrodynamisch optimierten Rumpfform, vergrößerter Batteriekapazität und stärkeren Elektro-Maschinen unter Wasser 16 Knoten fahren und damit den meisten Geleitfahrzeugen ausweichen können. Sie besaßen aktive Ortungsgeräte und konnten mit ihren Schnell-Ladeeinrichtungen in kurzer Zeit drei 6er-Torpedofächer schießen. Um ihre Batterien unter Wasser mit den Frischluft benötigenden Dieselmotoren aufladen zu können, hatten sie einen Schnorchel-Luftmast, dessen Kopf bei getauchtem Boot über Wasser blieb, wie das Bild rechts zeigt. Auf dem Bild oben sieht man das erste Typ-XXI-Boot *U 2501* nach dem Stapellauf bei Blohm & Voß in Hamburg am 12. Mai 1944.

Die Alliierten erfuhren von diesem neuen Boot und seinen Eigenschaften aus den entzifferten Berichten, welche die japanische Botschaft in Berlin nach Tokio funkte. Als man auch aus „Ultra"-Entzifferungen und der Luftaufklärung erkannte, daß Ende 1944 eine größere Zahl dieser Boote in Fahrt war, hegte man große Befürchtungen vor einem ganz neuen U-Boot-Krieg, gegen den man noch kein Mittel besaß. Die alliierte Luftoffensive gegen die Transportwege und der Vormarsch der alliierten Armeen von Ost und West verhinderte aber, daß die im Mai 1945 fertigen 104 Boote noch frontreif wurden.

So hatten die alten Typ-VII- und IX-Boote, die man ab Mitte 1944 mit dem Schnorchel ausrüstete, um ihnen kontinuierliche Unterwasseroperationen zu ermöglichen, die Last des hinhaltenden Kampfes zu tragen, der aktuelle Erfahrungen für die Wiederaufnahme der Geleitzugbekämpfung mit den neuen Booten liefern und verhindern sollte, daß die in der U-Boot-Abwehr gebundenen alliierten Kräfte anderweitig eingesetzt werden konnten.

Das Bild oben zeigt, wie *U 505* am 4. Juni 1944 im Mittelatlantik von einer US-„Hunter-Killer-Group“ mit dem Geleitträger *Guadalcanal* zum Auftauchen gezwungen und nach dem Aussteigen der Besatzung durch ein Enterkommando des Zerstörers *Pillsbury* vor dem Untergang bewahrt wird. Das Boot wurde nach Amerika eingeschleppt und lieferte vielseitige Erkenntnisse, unter anderem für die Funkaufklärung. Heute ist es in Chicago als Museum zu besichtigen.

Im letzten Kriegsjahr machten Schnorchelboote noch rund 400 Feindfahrten, auf denen sie 47 Geleitfahrzeuge und 173 Handelsschiffe versenkten oder torpedierten. Dabei gingen 194 U-Boote verloren.

Erschütternd war die hohe Zahl der ums Leben gekommenen Seeleute. Von den etwa 41 000 Mann, die im Kriege auf Front-U-Booten fuhren, kamen 26 350 durch Feindeinwirkung zu Tode, 947 durch Unfälle. 4945 gerieten in Gefangenschaft, und nur 2459 wurden gerettet.

Ostsee und Nordsee
1. September 1944 – 8. Mai 1945

Im Januar 1944 begann die sowjetische Offensive gegen den deutschen Einschließungsring um Leningrad. Dabei wurden alle verfügbaren Schlachtschiffe, wie die *Oktjarbskaja Revoljucija* im Bild rechts, Kreuzer, Zerstörer und Kanonenboote eingesetzt, die 24 000 Schuß zur Unterstützung der aus dem Brückenkopf Oranienbaum angreifenden 2. Stoß-Armee feuerten. Nach dem sowjetischen Durchbruch an den Rigaer Meerbusen Anfang August 1944 setzten auch die Deutschen ihre schweren Schiffe, darunter den unten abgebildeten Kreuzer *Admiral Hipper*, zur Unterstützung ihrer bedrängten Heerestruppen ein.

Nach dem Ausscheiden Finnlands aus dem Krieg am 4. September 1944 und dem Scheitern des Versuchs, die Minen- und Netzsperren im Finnenbusen durch die Besetzung von Suursaari zu sichern, entschloß die deutsche Führung sich, Estland über See zu räumen. 50 000 Soldaten und 85 000 Flüchtlinge wurden bis zum 23. September über Reval evakuiert. Am 10. Oktober brachen die Sowjets südlich von Libau zur Ostsee durch und schnitten die Heeresgruppe Nord im Kurland-Brükkenkopf ab. Frachter, die von Deutschland Nachschub brachten, wurden für die Rückfahrt mit Flüchtlingen beladen, wie es das Bild oben aus Windau vom Oktober 1944 zeigt. Ein erster größerer Verlust war dabei die Versenkung der *Bremerhaven* durch sowjetische Flugzeuge am 31. Oktober, bei der 410 Menschen umkamen. Nach den sowjetischen Landungen auf Dagö und Ösel unterstützten deutsche Kreuzer, Zerstörer und Torpedoboote die Verteidiger der Halbinsel Sworbe mit Artilleriefeuer.

Am 12. Januar 1945 begann die große Offensive der sowjetischen Armeen an der Weichsel-Front, die in wenigen Tagen die deutschen Stellungen durchbrach. Bis Ende Januar hatten die Angriffsspitzen Schlesien und die Oder bei Küstrin erreicht und die in Ostpreußen stehenden deutschen Truppen durch einen Vorstoß an das Kurische Haff abgeschnitten. Gewaltige Ströme der vor der andrängenden Roten Armee flüchtenden Bevölkerung wälzten sich an die Küste und zu den von den Truppen verbissen verteidigten Häfen Memel, Königsberg, Pillau, Danzig und Gotenhafen (Gdingen). In der zweiten Februar-Hälfte griffen die an die Oder durchgebrochenen sowjetischen und polnischen Armeen Pommern von Süden her an und erreichten auch hier bald die Küste, wo sich nur Kolberg noch halten konnte. Damit begann am 25. Januar die größte je durchgeführte Evakuierungsaktion über See. Alle verfügbaren deutschen Schiffe vom großen Passagierdampfer über Frachter bis zum kleinen Seebäderschiff, aber auch die von ihrem Einsatz bei der Unterstützung der Truppen nach Westen zur Versorgung fahrenden Kriegsschiffe nahmen Flüchtlinge, Verwundete und abzutransportierende Heereseinheiten bis an die Grenze ihrer Ladekapazität an Bord. Auf dem Bild links unten drängen sich Flüchtlinge zu einem an der Pier zur Abfahrt bereitliegenden Passagierdampfer, auf dem Bild unten aus dem Januar 1945 verladen Soldaten in Gotenhafen (Gdingen) Rückzugsgut auf einen Frachter. Auf ihren Fahrten hatten sich die Schiffe im Raum der Danziger Bucht der Angriffe sowjetischer Bomber und Schlachtflugzeuge und ab April auch von Schnellbooten zu erwehren. Die größten Menschenverluste gab es jedoch bei der Versenkung der großen Transporter *Wilhelm Gustloff* und *General Steuben* durch das sowjetische U-Boot *S 13* am 30. Januar und 10. Februar 1945 und bei der Versenkung der *Goya* durch *L3* am 16. April, wobei von den eingeschifften 16 678 Menschen nur 1029 gerettet werden konnten. Es waren die größten Schiffskatastrophen aller Zeiten mit zusammen fast zehnmal mehr Todesopfern als bei dem allgemein als schwerstes Seeunglück geltenden Untergang der *Titanic* 1912. Insgesamt wurden 1944 und 1945 über die Ostsee 401 387 Menschen nach Westen evakuiert, 33 082 kamen um. Von 1081 Schiffen gingen 245 verloren.

Die auf der Ostsee größten Verluste an Schiffsraum verursachten die von britischen Flugzeugen durchgeführten Verminungen der Zwangswege in der südlichen Ostsee. Auf den von Januar bis März 1945 geworfenen 3220 Minen sanken 67 Schiffe. Nur unter größten Anstrengungen konnten deutsche Sperrbrecher, Minensucher, Räumboote und Sicherungsboote immer wieder die Wege von den mit Magnet- und Akustik-Zündern versehenen Grundminen freiräumen. Daß die seit Oktober 1944 in der freien Ostsee operierenden sowjetischen U-Boote nicht noch größere Verluste verursachten, lag zum Teil daran, daß sie wegen der Minengefahr außerhalb der 20-m-Tiefenlinie blieben, während die Masse der Transporte auf den Flachwasser-Zwangswegen lief. So konnten in den letzten Nächten des Krieges vom 3. bis 9. Mai 1945 einige Transporter sowie in zwei Fahrten Zerstörer und Torpedoboote noch 81 000 der auf Hela wartenden 150 000 Personen ohne Verluste abholen.

Schwere Verluste verursachten auch die Luftangriffe des RAF Bomber Command und der 8th US Army Air Force auf die Häfen, deren Intensität schon vor der Freigabe der strategischen Bomberkräfte von der Operation „Overlord" am 16. September 1944 stark zunahm. So wurde bei einem Angriff des Bomber Command in der Nacht vom 23. auf den 24. Juli auf Kiel, bei dem von 612 Flugzeugen 2916 t Bomben geworfen wurden, der als Wohnschiff verwendete Passagierdampfer *General Osorio* schwer getroffen, brannte aus und sank im Marine-Arsenal auf Grund (Bild unten). Die Angriffe richteten sich immer mehr gegen die Zulieferindustrien, Sektionswerften, Binnenschiffahrtswege und die Zusammenbauwerften der neuen U-Boote in Bremen, Hamburg und Kiel. Vom 1. August 1944 bis 4. Mai 1945 wurden in 15 424 Einsätzen, bei denen 115 Flugzeuge verlorengingen, 47 429 t Bomben auf deutsche Häfen geworfen und dabei 115 Schiffe aller Größen und 39 fertige und im Bau befindliche U-Boote zerstört.

Besonders schwere Schäden richteten Angriffe der 8th US Air Force am 31. Dezember 1944 und 17. Januar 1945 auf die Werft von Blohm & Voß in Hamburg und am 30. März auf Wilhelmshaven, Bremen und Hamburg an, wobei unter anderem 9 U-Boote vom Typ XXI zerstört wurden. Ein Angriff des Bomber Command auf die Bremer Deschimag-Werft in der Nacht vom 21. auf den 22. Februar vernichtete auf der Helling zwei XXIer Boote, und diese blockierten weitere vier im Zusammenbau befindliche Boote. Auf dem Bild rechts oben blickt nach der Besetzung der Werft durch die Engländer am 28. April 1945 ein britischer Soldat auf die Helgenanlage der Deschimag und die zerbombten und blockierten U-Boote.

Nach Hitlers Selbstmord in Berlin versuchte der von ihm als Reichspräsident eingesetzte Großadmiral Dönitz vor der nun unvermeidbaren Beendigung des verlorenen Krieges noch viele der Flüchtlinge aus der Danziger Bucht und Kurland zu Schiff in den Westen gelangen zu lassen. Am 4. Mai ließ er die Kapitulation der in Holland und Nordwest-Deutschland stehenden Einheiten gegenüber dem britischen Feldmarschall Montgomery unterzeich-

nen. Entgegen den Kapitulationsbedingungen führten viele U-Boot-Besatzungen den vorher gegebenen Befehl „Regenbogen" aus und versenkten ihre Boote. Die in See stehenden Boote erhielten Befehl, schwarze Flaggen zu setzen und sich alliierten Schiffen zu ergeben. Die in Deutschland und Norwegen liegenden U-Boote wurden in den folgenden Wochen nach England überführt. Nach der Unterzeichnung der deutschen Kapitulation im Hauptquartier von General Eisenhower in Reims, die in Karlshorst auch den Russen gegenüber bestätigt wurde, endeten die Kampfhandlungen in Europa am Morgen des 8. Mai 1945.

Am 23. Mai wurde die letzte Reichsregierung an ihrem letztem Sitz, der Marineschule in Flensburg-Mürwik, verhaftet. Das Bild links zeigt Dönitz in der Mitte, links daneben Reichsminister Speer und rechts Generaloberst Jodl nach ihrer Verhaftung im Hof des Flensburger Polizeipräsidiums.

Krieg im Pazifik III

1. Oktober 1943 – 2. September 1945

Nach ihrem Rückzug von Guadalcanal und der Papua-Halbinsel beabsichtigten die Japaner, die Zentral-Salomonen und das Gebiet um den Huon-Golf als Vorposten ihrer Hauptbasis Rabaul, dem Hauptort des ehemals deutschen Bismarck-Archipels, zu halten. Der Chef der Vereinigten Flotte, Admiral Yamamoto, flog im April 1943 zu Truppenbesuchen ins Gebiet von Rabaul. Aus der Funkaufklärung über seinen Reiseplan informiert, entsandten die Amerikaner Langstreckenjäger, die sein Flugzeug am 18. April abschossen. Yamamoto kam dabei zu Tode. Sein Nachfolger wurde Admiral Koga.

Auf alliierter Seite befehligte General MacArthur die im Südwest-Pazifik operierenden Streitkräfte, während die beweglichen Flotteneinheiten unter dem Kommando der Pazifik-Flotte und Admiral Nimitz blieben. Im März 1943 wurde beschlossen, daß die amerikanisch-australischen Kräfte MacArthurs über den Huon-Golf an der Ostküste Neuguineas zum westlichen Neubritannien und Kräfte der Pazifik-Flotte unter Admiral Halsey über die Zentral-Salomonen nach Bougainville, der westlichsten Salomonen-Insel, vorstoßen sollten. In Ausführung dieses Planes gewann Halsey im Sommer 1943 in mehreren amphibischen Operationen Luftbasen in Neugeorgien, wobei es immer wieder zu für beide Seiten verlustreichen nächtlichen Seegefechten kam. MacArthur stieß im Juni nach Salamaua und im September nach Lae und Finschhafen am Huon-Golf vor. Damit waren die Ausgangsbasen für den Angriff auf den inneren Verteidigungsring Rabauls gewonnen. Am 1. November 1943 landete die verstärkte 3. Marine-Division in der Kaiserin-Augusta-Bucht auf Bougainville und bildete dort einen Brükkenkopf. Auf dem Bild unten sieht man Landungsboote des Transporters *President Jackson* auf dem Weg dorthin. Und am 26. Dezember wateten die Männer der 1. Marine Division bei Kap Gloucester von ihren Landungsbooten an den Strand von Neubritannien, was das Bild rechts zeigt.

Ziel der Amerikaner war es nicht, große Inseln zu erobern, sondern in den gewonnenen Brückenköpfen Flugplätze zu bauen, von denen aus Rabaul niedergehalten werden konnte.

Die Japaner reagierten auf die Landung in der Kaiserin-Augusta-Bucht sofort. Schon in der nächsten Nacht versuchten ihre in Rabaul anwesenden 2 Schweren und 2 Leichten Kreuzer mit 6 Zerstörern, die Landungsflotte anzugreifen, wurden jedoch von einer US-Kampfgruppe mit 4 neuen Leichten Kreuzern und 6 Zerstörern abgefangen und mit radargeleitetem Feuer zur Umkehr gezwungen. Außerdem schickten die Japaner von Truk aus Fliegerkräfte und einen Verband mit 7 Schweren Kreuzern und Versorgern nach Rabaul.

Als Admiral Halsey am 4. November 1943 hiervon erfuhr, besaß er keine schweren Schiffe, um den Japanern entgegenzutreten, da sie alle für die geplante Landung auf den Gilbert-Inseln bereitgestellt waren. Nur die beiden Flugzeugträger *Saratoga* und *Princeton* versorgten gerade bei Neugeorgien. Sie wurden sofort zu einem Angriff auf die japanischen Schiffe in Rabaul angesetzt. Am Morgen des 5. November starteten sie aus 230 sm Entfernung 23 *Avenger*-Torpedoflugzeuge, 22 *Dauntless*-Sturzbomber und 52 *Hellcat*-Jäger. Sie manövrierten die gegen sie angesetzten 70 japanischen Jäger aus, griffen bei heftigem Flakfeuer an und beschädigten die Kreuzer *Maya, Atago, Mogami, Takao, Agano* und *Noshiro.* Damit war die Gefahr für die amerikanische Landungsflotte ausgeschaltet. Auf dem Bild unten sieht man hinter dem im Vordergrund liegenden Schweren Kreuzer *Haguro,* der schon in der Schlacht vor der Kaiserin-Augusta-Bucht beschädigt worden war, einen von den amerikanischen Bombern in Brand geworfenen Transporter und im Hintergrund weitere brennende Schiffe und Hafenanlagen von Rabaul. Am 11. November wiederholten die beiden Träger, zusammen mit einer von Admiral Nimitz zusätzlich nach Rabaul entsandten Gruppe mit den neuen Trägern *Essex, Bunker Hill* und *Independence,* den Angriff auf Rabaul und richteten weitere schwere Schäden an. In den folgenden Wochen wurden die nach hier verlegten japanischen Fliegerkräfte durch von den neuen Basen kommende amerikanische Bomber und *Lightning*-Langstreckenjäger so dezimiert, daß Rabaul neutralisiert war und von den Amerikanern ohne Gefahr umgangen werden konnte.

Auf der „Trident"-Gipfelkonferenz im Mai 1943 war beschlossen worden, den amerikanischen Angriff im Pazifik entlang der Küste Neuguineas und durch die Celebes-See zu führen und dann an der chinesischen Küste bei Hongkong zu landen, um von dort aus Luftbasen auf dem Festland zu errichten, von denen *B-29-Super-Fortress*-Bomber Japan angreifen konnten. Die Admirale King und Nimitz fürchteten die Flanken-Bedrohung durch die japanische Flotte von Truk und Palau her und schlugen eine zweite Stoßrichtung durch die Marshall-Inseln und Karolinen vor, wobei die nun fertig werdenden Schiffe der großen Bauprogramme zweckmäßige Verwendung finden konnten. Vor dem Angriff auf die Marshall-Inseln waren die japanischen Luftbasen auf den Gilbert-Inseln auszuschalten.

Gedeckt von der „Task Force 58" mit 12 schnellen Trägern mit 685 Flugzeugen an Bord, 8 neuen Schlachtschiffen, 9 Kreuzern und 39 Zerstörern, landeten die Amerikaner am 20. November 1943 auf den Gilbert-Inseln Tarawa und Makin. Mit Feuerunterstützung unter anderem durch 7 modernisierte alte Schlachtschiffe gingen von zwei amphibischen Gruppen 18 313 Mann der 2. Marine-Division auf Tarawa und 6507 Mann der 7. Infanterie-Division auf Makin an Land. Beim Angriff auf die Hauptinsel Betio des Tarawa-Atolls gerieten die Amphibienfahrzeuge in der Lagune auf Korallenriffe. Die Marines mußten im Feuer der Japaner eine lange Strecke an den Strand waten, der am Abend, wie das Bild oben zeigt, mit Leichen übersät war. Es dauerte drei Tage, bis die 4800 japanischen Verteidiger der nur 2500 mal 500 m großen Insel überwältigt waren. Die Amerikaner verloren 1009 Tote und 2101 Verwundete, die Japaner 4654 Tote und 146 Gefangene.

Die Japaner konnten nach den Ausfällen durch die Trägerraids gegen Rabaul ihre Flotte nicht einsetzen und mußten sich auf den Einsatz von U-Booten, von denen eines den Geleitträger *Liscome Bay* versenkte, und Angriffe von landgestützten Flugzeugen beschränken, die – wie das im Bild links oben von der Flak des neuen Trägers *Yorktown* abgeschossene *Jill*-Torpedoflugzeug – selten bis zu den US-Schiffen durchbrechen konnten.

Gewappnet mit den Erfahrungen der Gilbert-Operation, griff die amerikanische 5. Flotte mit ihren beiden amphibischen Gruppen und den Trägern der „Fast Carrier Task Force 58" am 31. Januar 1944 die japanische Hauptbasis in den Marshall-Inseln, das Kwajalein-Atoll, an. Eine dritte Gruppe besetzte kampflos das Majuro-Atoll. Nach zweitägigen Bombardements durch die 700 Trägerflugzeuge und die Schiffsartillerie gelangen die Landungen mit wesentlich geringeren Verlusten als bisher. Von den 41 446 gelandeten Truppen waren 372 gefallen und 1582 verwundet. Von den 8675 Verteidigern kamen nur 265, meist koreanische Bauarbeiter, in Gefangenschaft. Noch perfekter verlief die Landung auf dem Eniwetok-Atoll vom 17. bis 22. Februar. Um jede Gegenwirkung von der japanischen Basis Truk auszuschalten, griff die „Task Force 58" die Inseln am 17. und 18. Februar massiert an, traf aber, da die Japaner mit ihrer Flotte inzwischen nach Palau ausgewichen waren, nur noch Nachzügler – wie auf dem Bild links unten den Zerstörer *Tanikaze* – und versenkte 5 Hilfsschiffe, 6 Tanker und 17 Frachter mit rund 200 000 BRT. Von der „Task Force 58" unterstützt, machte MacArthur inzwischen auf Neuguinea einen großen Sprung westwärts nach Hollandia und isolierte damit die japanische 18. Armee. Auf dem Bild oben landen amerikanische Landungsschiffe Nachschub am Dschungelstrand von Hollandia.

Bis zum Frühjahr 1944 hatte die US-Pazifik-Flotte einen beträchtlichen Zuwachs an neuen Schiffen nicht nur für die „Fast Carrier Task Force“, sondern auch für die amphibischen Kampfgruppen erhalten. Sie verliehen der zentral-pazifischen Stoßrichtung der amerikanischen Offensive zusätzliches Gewicht. Das im November 1943 besetzte Majuro-Atoll erwies sich mit seiner großen Lagune als hervorragender Ankerplatz für die 5. Flotte und ihre Logistik-Einheiten. Im Bild oben liegen drei neue Leichte Kreuzer der *Cleveland*-Klasse und drei neue Flugzeugträger im weiten Raum der Lagune vor Anker.

Doch um den Vorrang der Stoßrichtungen, der zentral-pazifischen und der südlicheren, kam es bis zum Herbst 1944 immer wieder zu Auseinandersetzungen zwischen den Stabschefs in Washington und Admiral Nimitz auf der einen und General MacArthur auf der anderen Seite. Dieser wollte nur auf seiner südlichen Route die Philippinen befreien und dann auf dem chinesischen Festland landen, um Japan aus der Luft anzugreifen und, falls nötig, später dort zu landen. Für Admiral Nimitz bot sich der nähere Weg zur Philippinen-Insel Luzon oder gar nach Formosa an. Und eine vorausgehende Eroberung der Marianen würde viel früher *B-29*-Luftangriffe auf Japan ermöglichen. Man entschied sich, Mitte Juni die Marianen anzugreifen.

Die Planung sah nun vor, japanische Positionen im rückwärtigen Gebiet wie Truk aus der Luft niederzuhalten und nach Besetzung der Marianen ab 15. September 1944 auf Palau, Jap und Morotai, am 15. November auf Mindanao, am 20. Dezember auf Leyte und Ende Februar 1945 auf Luzon oder Formosa zu landen.

Admiral Koga hatte im März 1944 die japanische Verteidigungslinie auf die Kurilen, die Marianen und den Westteil von Neuguinea zurückgenommen und wollte unter Zusammenfassung aller Kräfte die US-Pazifik-Flotte bei einem Angriff in diese Linie zum Kampf stellen. Zur Vorbereitung verlegte er seine Flotte aus dem Bereich der US-Träger ins Gebiet der Molukken, gerade rechtzeitig vor einem US-Trägerraid gegen Palau am 30. und 31. März. Er selbst blieb mit seinem Flugboot auf dem Wege nach Mindanao verschollen. Nachfolger wurde Admiral Toyoda.

Nach dem Bau der Flugplätze bei Hollandia ließ MacArthur die ihm unterstellte 7. Flotte am 17. Mai 1944 ein Regiment auf Wakde und am 27. Mai den Rest der 41. Division auf Biak landen, um von diesen der Küste vorgelagerten Inseln aus die Luftherrschaft auf den Westen Neuguineas auszudehnen. Admiral Toyoda setzte gegen die Landung auf Biak zwei Entsatzversuche an, von denen der erste mit leichten Kräften in einem Nachtgefecht von einer australisch-amerikanischen Kampfgruppe abgewehrt wurde, während der zweite unter Einsatz der Super-Schlachtschiffe *Yamato* und *Musashi* abgebrochen wurde, als die Amerikaner am 15. Juni auf der Marianen-Insel Saipan landeten. Der Landung der ersten Wellen der 2. und 4. Marine-Divisionen auf Saipan gingen tagelange Bombardements der Flugzeuge von 15 Trägern der „Task Force 58" und 14 Geleitträgern der amphibischen Gruppen sowie der schweren Artillerie der Schlachtschiffe und Kreuzer voraus. Auf dem Bild unten feuert die *New Mexico* vor Saipan eine Salve aus einem 35,6-cm-Drillingsturm, im Hintergrund ihr Schwesterschiff *Idaho*. Am Abend des ersten Tages waren von den 396 amphibischen Schiffen rund 20 000 Mann gelandet. Am 21. Juni war der Brückenkopf im Süden der Insel trotz heftiger Gegenangriffe gesichert.

Da der Besitz der Marianen den Amerikanern die Möglichkeit eröffnete, von dort aus das japanische Festland mit Langstrekkenbombern anzugreifen, versuchten die Japaner, die amerikanische Landung auf Saipan mit allen Mitteln zu vereiteln. So kam es am 19. Juni 1944 zur Seeschlacht in der Philippinen-See.

Die Japaner mit ihrer aus 9 Trägern, 5 Schlachtschiffen, 13 Kreuzern und 28 Zerstörern bestehenden Flotte beabsichtigten, ihre 430 Trägerflugzeuge außerhalb der Reichweite amerikanischer Flugzeuge zum Angriff auf die US-Trägerflotte zu starten, während ihre auf den noch japanisch besetzten Marianen-Inseln Tinian, Guam und Rota stationierten Landflugzeuge die Landungsflotte angriffen. Die Flugzeuge sollten dann auf den Inselflugplätzen neu betankt und munitioniert werden und auf dem Rückflug zu den Trägern einen zweiten Angriff gegen die US-Flotte fliegen. Auf Informationen aus der Funkaufklärung operierend, hatten amerikanische U-Boote

den Anmarsch der japanischen Kampfgruppen früh gemeldet, so daß die „Task Force 58“ unter Admiral Mitscher ihnen mit 15 Trägern, 7 Schlachtschiffen, 21 Kreuzern und 67 Zerstörern rechtzeitig entgegenlaufen konnte. Von den Radargeräten erfaßt, wurden 272 der anfliegenden japanischen Trägerflugzeuge im sogenannten „Truthahnschießen“ von den amerikanischen Jägern, deren einer auf dem Bild links oben gerade vom Einsatz zurückkehrt, abgeschossen, ohne daß die Schiffe der Amerikaner gravierende Schäden erlitten. Ihre U-Boote *Albacore* und *Cavalla* hatten am Morgen des 19. Juni 1944 die beiden Träger *Taiho* und *Shokaku* torpediert. Nach schweren Treibstoffbränden sanken sie am Nachmittag. Als der Führer der japanischen Verbände, Admiral Ozawa, nach den verheerenden Verlusten an Trägern und Flugzeugen den Rückmarsch antrat, nahm Mitscher die Verfolgung auf und startete am Nachmittag des 20. Juni von den eben bis zur Grenze der Flugzeugreichweite herangeführten Trägern seine Flugzeuge zum Gegenschlag. Die Japaner wurden in der hereinbrechenden Dämmerung bei der Versorgung überrascht. Der Träger *Hiyo* und 2 Tanker wurden versenkt, die Träger *Zuikaku,* der auf dem Bild links unten den niedergehenden Bomben auszuweichen versucht, *Junyo, Ryuho* und *Chiyoda* sowie 3 weitere Schiffe beschädigt. Von den 216 gestarteten amerikanischen Flugzeugen wurden 20 abgeschossen, 80 erreichten ihre Träger in der Dunkelheit wegen Benzinmangel nicht. Aber U-Boote retteten die Besatzungen bis auf 38 Mann. Die Japaner verloren bei der für sie katastrophalen Seeschlacht in der Philippinen-See außer 3 Flugzeugträgern rund 450 Flugzeuge, die Amerikaner nur 129.

Der Kampf auf Saipan zog sich bis zum 9. Juli hin. Die gelandeten 67 451 Amerikaner hatten 3426 Gefallene und 13 099 Verwundete zu beklagen, von den japanischen Verteidigern fielen 23 811, und 1780 gerieten in Gefangenschaft. Am 21. und 24. Juli 1944 landeten die Amerikaner auf Guam und Tinian, deren Verteidiger am 2. August überwältigt waren.

Auf dem Bild oben besteigen US-Soldaten im September ein Landungsschiff zum Angriff auf die Palau-Insel Angaur.

Am 15. September 1944 landeten die Amerikaner auf der Molukken-Insel Morotai. Morotai und die gleichzeitig besetzten Palau-Inseln waren wichtige Luftstützpunkte für die Rückeroberung der Philippinen, die die Amerikaner nun mit zahlreichen schweren Luftangriffen gegen japanische Flugplätze und Hafenanlagen auf Formosa und die Philippinen einleiteten, wobei Hunderte japanischer Flugzeuge zerstört wurden.

Als im September die Luftangriffe von den jetzt „Task Force 38" genannten schnellen Trägern gegen die Zentral-Philippinen eine unerwartete Schwäche der Japaner offenbarten, wurde die für Dezember geplante Landung auf die südliche Philippinen-Insel Mindanao abgesagt. Stattdessen landeten am 20. Oktober 1944 vier Divisionen weiter nördlich auf Leyte. Das Bild oben zeigt, wie sich Landungsschiffe, vorn *LSM 311,* mit Teilen der 1. Kavallerie-Division im Norden des Brückenkopfes dem Strand nähern. Auf dem Bild links wird von dem in die Surigao-Straße zwischen Leyte und Mindanao vorgedrungenen US-

Schnellboot *PT 321* ein schiffbrüchiger Japaner aus dem Wasser geborgen, auf dem Bild unten ein bei der Landung verwundeter Amerikaner von Kameraden auf ein Landungsboot gebracht.

Während sich die Leyte verteidigende japanische 16. Division hinhaltend kämpfend in das hügelige Hinterland zurückzog, lief die entscheidungssuchende japanische Operation „Sho-Go" an, in der die US-Flotte geschlagen und die Landung der Amerikaner auf Leyte unterbunden werden sollte. Der Plan der Japaner war, mit ihren noch vorhandenen 4 Trägern sowie 2 Schlachtschiffen und 3 Kreuzern von Norden kommend die amerikanischen Trägergruppen vom Landungsraum östlich von Leyte wegzulocken. Damit wollten sie der eigenen, in zwei Gruppen von Westen auf die Philippinen zulaufenden Schlachtflotte mit 7 Schlachtschiffen und 12 Schweren Kreuzern den Weg freimachen, die durch die Sibuyan-See und die Straßen von San Bernardino und Surigao zum Zangenangriff auf die dann nur schwach verteidigte US-Landungsflotte im Leyte Golf vorstoßen sollte. 17 U-Boote und die Heeres- und Marine-Flieger sollten den japanischen Angriff unterstützen, Transporter auf dem Seeweg Verstärkungen von 4 Divisionen in die Ormoc-Bucht an der Westseite von Leyte bringen.

Auf amerikanischer Seite hatte General MacArthur den Oberbefehl über die Landungskräfte und die unterstützende 7. Flotte, die 18 Geleitträger, 6 alte Schlachtschiffe und 9 Kreuzer besaß. Unter der Befehlsführung von Admiral Nimitz blieb dagegen die 3. Flotte des Admirals Halsey mit 8 großen Flottenträgern, 8 Leichten Trägern, 6 Schlachtschiffen und 15 Kreuzern. Diese sollte die Landung decken und zugleich die japanische Flotte angreifen und vernichten, sofern sich eine Gelegenheit bot.

Aus diesem Aufmarsch gegnerischer Flotten ergab sich vom 23. bis zum 26. Oktober 1944 die Schlacht um Leyte, die sich aus den vier Schlachten in der Sibuyan-See, der Surigao-Straße, vor Samar und bei Kap Engaño zusammensetzte, und die wegen der Beteiligung von 38 Flugzeugträgern, 21 Schlachtschiffen, 43 Kreuzern, 146 Zerstörern und zahlreichen weiteren Schiffen, rund 1500 Flugzeugen und 183 000 Mann Besatzung als die größte Seeschlacht aller Zeiten gilt.

Am 23. Oktober sichteten die U-Boote *Darter* und *Dace* den von Westen anmarschierenden japanischen Verband vor der Nordwestküste von Palawan und torpedierten die Kreuzer *Atago* und *Maya*, die sanken, und die *Takao*, die umkehren mußte

Die 16 amerikanischen Flugzeugträger der „Task Force 38" waren in vier Gruppen aufgeteilt, von denen sich drei östlich der Philippinen-Inseln Samar und Luzon im Einsatz befanden, um die Landung auf Leyte zu decken und die japanischen Flugplätze niederzuhalten, während die vierte Gruppe weiter ostwärts aus der Versorgungsflotte Öl übernahm. Auf die U-Boot-Meldungen vom Anmarsch der Japaner starteten die Träger am 23. Oktober Aufklärer nach Westen.

Am Morgen des 24. sichteten sie an der Südspitze von Mindoro in der Einfahrt zur Sibuyan-See die stärkste der von Westen kommenden japanischen Kampfgruppen, die des Admirals Kurita mit 5 Schlachtschiffen, 9 Kreuzern und 15 Zerstörern, und weiter südlich in der Sulu-See einen anderen Verband mit 2 Schlachtschiffen, 1 Kreuzer und 4 Zerstörern. Admiral Halsey befahl den sofortigen Angriff mit allen verfügbaren Kräften und rief die vierte Trägergruppe von der Versorgung zurück.

Inzwischen ließen die Japaner von Luzon aus drei Wellen von 50 bis 60 Flugzeugen zum Angriff auf die US-Träger starten. Sie wurden vom Jagdschutz abgefangen, aber eins brach durch und traf den Träger *Princeton* mit einer 250-kg-Bombe. Schwere Brände und Explosionen, die auch auf zu Hilfe kommenden Schiffen Verluste verursachten, zwangen zur Aufgabe des Trägers. Auf dem Bild oben erwarten auf Flößen treibende Überlebende ihre Rettung durch eines der Begleitschiffe.

Nun griffen die Flugzeuge von zwei der amerikanischen Trägergruppen in mehreren Wellen die Schiffe der Kampfgruppe Admiral Kuritas an, die inzwischen die Sibuyan-See erreicht hatten. Das anfangs starke Flak-Feuer der Japaner ließ bald nach, und der ihnen zugesagte Jagdschutz aus Luzon blieb aus, weshalb von den 259 angreifenden Maschinen der Amerikaner nur 18 abgeschossen wurden. Ihr wichtigster Erfolg war, daß das eine der beiden japanischen Super-Schlachtschiffe, die *Musashi,* von 19 Lufttorpedos und 17 Bomben aufs schwerste getroffen wurde und am Abend sank. Das Bild rechts zeigt die *Musashi,* schon beschädigt, im Bombenhagel. Der Kreuzer *Myoko* mußte angeschlagen umkehren. Kurita entschloß sich, vorübergehend nach Westen zu laufen, um den Erfolg der Flugzeugangriffe auf die US-Träger abzuwarten. Auch die durch die Sulu-See kommende japanische Kampfgruppe mit den alten Schlachtschiffen *Yamashiro* (im Bild rechts unten) und *Fuso* wurde von den Amerikanern angegriffen, aber nicht ernstlich beschädigt. Die Kursänderung des Kurita-Verbandes und überschätzte Erfolgsmeldungen der amerikanischen Flieger ließen Halsey annehmen, die Gefahr von Westen sei beseitigt. So lief er nun mit seinen drei schnellen Trägergruppen nach Norden, um die am Nachmittag des 24. Oktober erfaßte japanische Trägergruppe anzugreifen, und ließ sich so von Leyte weglocken.

In der Nacht zum 25. Oktober drang die südliche japanische Kampfgruppe von der Sulu-See zur Südküste von Leyte vor. Am nördlichen Ausgang der Surigao-Straße wurde sie von den 6 Schlachtschiffen und von Kreuzern und Zerstörern der 7. US-Flotte erwartet, die mit radargeleitetem Artilleriefeuer und Torpedoangriffen die Japaner vernichtend schlugen. Die Schlachtschiffe *Yamashiro* und *Fuso* sanken, die Reste des Verbandes mußten sich zurückziehen.

Halseys Abdrehen nach Norden machte den Weg für Kurita, der erneut kehrt gemacht hatte, durch die unbewachte San-Bernardino-Straße frei, und am Morgen des 25. Oktober griff sein Verband eine der US-Geleitträger-Gruppen vor der Ostküste von Samar an. Die überraschten Geleitträger versuchten, ihre Flugzeuge zu starten und, von begleitenden Escorts eingenebelt,

sich der Bedrohung zu entziehen. Kuritas Verband versenkte den Träger *Gambier Bay* und 3 amerikanische Zerstörer. Zum ersten Mal waren hier 11 Kamikaze-Piloten beteiligt, die sich unter Opferung ihres Lebens mit ihren Bomben tragenden Flugzeugen auf die anzugreifenden Schiffe stürzten. Auf dem Bild rechts oben melden sich blutjunge japanische Flieger ab zum Start und damit faktisch zum Selbstmord. Auf dem Bild rechts fliegt der amerikanische Träger *St. Lo,* von einem Selbstmörder-Flugzeug getroffen, in die Luft, 6 weitere wurden in der Schlacht vor Samar mehr oder weniger schwer beschädigt. Die Luftangriffe von den US-Geleitträgern und die Furcht vor dem Eintreffen von Halseys Trägerflotte veranlaßten Kurita zum Abbruch des Angriffs, bevor er der amerikanischen Landungsflotte vor Leyte, der er bedrohlich nahe gekommen war, gefährlich werden konnte. Der zurückgerufene Halsey kam zu spät, um Kurita noch vor der San-Bernardino-Straße abzufangen.

Gleichzeitig mit der Schlacht vor Samar versenkten 527 Flugzeuge von Halseys Trägergruppen am Morgen des 25. Oktober vor Kap Engaño nordöstlich der Philippinen-Insel Luzon die japanischen Flugzeugträger *Chitose*, *Zuikaku*, *Zuiho* und *Chiyoda*. Am 25. und 26. Oktober wurden noch weitere Schiffe der sich zurückziehenden Japaner von Flugzeugen versenkt.

Die Schlacht von Leyte kostete die Japaner ihre letzten 4 einsatzfähigen Träger, 3 Schlachtschiffe, 10 Kreuzer und rund 10 000 Tote, die Amerikaner verloren 3 kleinere Träger und etwa 1500 Tote. Die japanische Flotte war als ernstzunehmendes Kampfinstrument ausgeschaltet.

Die Kamikaze-Flieger wurden nun zur ständigen Bedrohung für die amerikanischen Schiffe. Am 25. November 1944 stürzte sich einer von ihnen auf den vor Luzon operierenden Träger *Intrepid* und beschädigte ihn schwer. Im Bild links ist der Moment vor dem Aufprall festgehalten. Detonierende Flakgranaten des Trägers erfüllen die Luft.

Ende 1944 kam es zu Diskussionen darüber, ob die nächsten Ziele amerikanischer Landungen die Philippinen-Insel Luzon oder Formosa und China sein sollten. MacArthur setzte sich zunächst durch: Nach der Gewinnung von Luftbasen auf Mindoro südlich von Manila am 15. Dezember 1944 landete die 6. Armee mit 4 Divisionen am 9. Januar 1945 im Lingayen-Golf an der Westküste von Luzon.

Während MacArthur mit der ihm unterstehenden 7. Flotte in den folgenden Monaten zahlreiche Landungen auf den Philippinen und auf Borneo durchführte, wandte sich die Pazifik-Flotte nun Japan zu: Seit November flogen *B-29*-Flugzeuge von den Marianen Bomben- und Brandbombenangriffe gegen japanische Städte. Auf dem langen Rückflug mußten durch Flak oder Jäger beschädigte Bomber oft notwassern, so daß eine Basis für Begleit-Jäger und für Notlandungen auf halbem Wege benötigt wurde. Die Vulkan-Insel Iwojima mit ihren drei Flugplätzen war dafür ein idealer Stützpunkt; für den 19. Februar wurde die Landung angesetzt. Die „Task Force 58" hatte sie durch Luftangriffe vorzubereiten und dann mit Raids gegen Japan vor Gegenangriffen durch japanische Flugzeuge und vor allem Kamikazes zu schützen.

Bei einem solchen Einsatz für den Jagdschutz über der Landungsflotte wurde der Flugzeugträger-Veteran *Saratoga* am 21. Februar 1945 nachmittags innerhalb von drei Minuten von 5 Kamikazes und später von einem weiteren getroffen und so schwer beschädigt, daß er für drei Monate ausfiel. Auf dem Bild links sieht man Mannschaften bei den Löscharbeiten an den durch die Kamikazes an Deck der *Saratoga* in Brand gesetzten startbereiten Jagdflugzeugen. 36 verbrannten oder wurden über Bord geworfen, 6 weitere mußten im Wasser notlanden. 123 Mann waren tot, 192 verwundet. Die schwersten Schäden bei einer solchen Operation erlitt die *Franklin*, die am 19. März 1945 bei einem Angriff gegen japanische Flottenbasen in der Inland-See während des Starts ihrer Flugzeuge von zwei Bomben getroffen wurde. 724 Mann an Bord überlebten den Angriff nicht, 265 wurden verwundet, aber das Schiff kam heim.

Bei der Landung der 4. und 5. amerikanischen Marine-Division an dem 2,5 km breiten Südoststrand von Iwojima am 19. Februar 1945 gerieten die Marines in das verheerende flankierende Feuer der in dem Vulkankegel des Mount Suribachi eingebauten japanischen Batterien und wurden an der Strandterrasse in der Vulkanasche festgenagelt. Am Ende des ersten Tages betrugen die Ausfälle 2420 Mann, und nur an der schmalsten Stelle der Insel war man bis zur Gegenküste durchgestoßen. Auf dem Bild unten erkennt man gefallene Marines in einem Bombentrichter auf der Strandterrasse, im Hintergrund Landungsschiffe und Transporter. Am 23. Februar war der Mount Suribachi genommen, aber im zentralen gebirgigen Teil der Insel leisteten die japanischen Verteidiger unter General Kuribayashi verbissen Widerstand.

Die als Reserve bereitgehaltene 3. Marine-Division mußte am 24. Februar gelandet werden. Eine Woche später war der größte Teil der Insel in amerikanischer Hand, aber Reste der Japaner hielten sich bis zum 26. März und griffen dann aus Bunkern in einem Selbstmordangriff nochmals an. Der Kampf um Iwojima kostete die Amerikaner 6821 Tote und 19 189 Verwundete, die Japaner 21 304 Tote, nur 212 überlebten, meist verwundet, als Gefangene.

Sofort wurden von den Amerikanern die Flugplätze ausgebaut. Schon am 7. April starteten *P-51*-Jäger als Jagdschutz für *B-29*-Bomber nach Japan. Und bis Kriegsende machten 2251 *B 29* mit 24 761 Mann Besatzungen Notlandungen auf Iwojima.

Großen Anteil an der sich immer katastrophaler auswirkenden Dezimierung des japanischen Transport-Schiffsraumes hatten die „Ultra"-Entschlüsselungen: Anfang 1943 war die Entzifferung des sogenannten japanischen „Maru"-Codes gelungen, eines überschlüsselten 4-Buchstaben-Codes, mit dem die japanischen Handelsschiffe, deren Namen mit dem Zusatz *Maru* endeten, ihre Kursanweisungen erhielten. Somit konnten die angesichts der Größe des pazifischen Seeraums wenigen amerikanischen U-Boote präzise dort aufgestellt werden, wo die Transporter passieren mußten. Als die Japaner, die der Sicherung der Seetransporte bisher nur geringe Bedeutung beigemessen hatten, im November 1943 die Schiffahrt generell in Konvois zusammenfaßten, setzten die Amerikaner ihre U-Boote in Dreier-Rudeln dagegen an. Besondere Angriffsziele waren Tanker, Escorts und große Transporter.

In der Nacht vom 11. zum 12. September 1944 griff ein Dreierrudel einen japanischen Konvoi mit 9 Schiffen und 7 Escorts an. Das U-Boot *Growler* versenkte 2 Escorts, die anderen beiden, *Sealion* und *Pampanito,* schickten je 2 Transporter und Tanker auf den Grund, von denen die *Rakuyo Maru* und die *Kachidoki Maru* 1350 beziehungsweise 750 britische und australische Gefangene an Bord hatten. Die Japaner retteten nur ihre eigenen Schiffbrüchigen und überließen die im Wasser schwimmenden Gefangenen ihrem Schicksal. Erst drei Tage später entdeckte die *Pampanito* ein Floß mit noch lebenden Gefangenen und rief die *Sealion* heran. Beide Boote übernahmen 121 ölverschmierte und erschöpfte Männer, wie das von der *Sealion* aus aufgenommene Bild oben zeigt, ein anderes U-Boot-Rudel rettete weitere 30 der Gefangenen.

Am 26. März 1945 begann der größte amphibische Angriff des pazifischen Krieges, die Operation „Iceberg" gegen Okinawa, mit der Landung der 77. amerikanischen Division auf der vorgelagerten Inselgruppe Kerama Retto. Im Bild rechts oben feuern die mittleren Landungsschiffe *LSM(R) 196, 190* und *199* ihre Raketensalven auf japanische Positionen auf Tokashiki Jima. Am 1. April begann die Landung auf Okinawa selbst. Im Bild rechts verlassen am 4. April zwei „Amphtrac"-Amphibienfahrzeuge die Bugrampe des *LST 782,* an dessen Bordwand noch kleine Landungsboote festgelascht sind.

Im Oktober 1944 hatten die amerikanischen Stabschefs Gedanken einer Landung auf Formosa oder dem chinesischen Festland aufgegeben und stattdessen vor Landungen in Japan die Eroberung von Okinawa vorgesehen, um Flugplätze für Landflugzeuge in der Nähe der japanischen Hauptinseln zu gewinnen.

Nach wochenlangen vorbereitenden Angriffen von Trägerflugzeugen und *B-29*-Bombern von den Marianen auf japanische Basen in Kyuschu, der südlichsten japanischen Hauptinsel, und auf den Riukiu-Inseln und schwerem Beschuß durch Schiffsartillerie landeten am 1. April 1945 die 6. und 1. Marine- und die 7. und 96. Heeres-Division nebeneinander im Südwesten von Okinawa. Die eingesetzte amerikanische „Joint Expeditionary Force" bestand aus insgesamt 1213 Schiffen. Dazu gehörten 14 Geleitträger mit 564 Flugzeugen, 10 alte Schlachtschiffe, 13 Kreuzer und 23 Zerstörer zur Feuerunterstützung. Die Masse bildeten die Landungsschiffe und -boote, von denen im Bild oben sogenannte LCT's am Strand von Okinawa Nachschubgüter für ein Versorgungszentrum ausladen, im Hintergrund zahlreiche Landungsschiffe und größere Transporter. Die beteiligte „Task Force 58" bestand aus 15 Trägern, 8 Schlachtschiffen, 15 Kreuzern und 48 Zerstörern und hatte 919 Flugzeuge an Bord. Dazu kam eine britische Kampfgruppe mit 4 Trägern, 2 Schlachtschiffen, 4 Kreuzern, 12 Zerstörern und 244 Flugzeugen. Der japanische Widerstand war zunächst gering, die beiden Hauptflugplätze wurden schon am ersten Tag genommen. Der japanische Plan sah vor, ihre im Südteil Okinawas konzentrierten rund 77 000 Mann der 32. Armee in geschützten Positionen in Bereitschaft zu halten, um – nach den Angriffserfolgen ihrer Flotte und der Kamikaze-Flieger gegen die amerikanische Landungsflotte – die gelandeten Kräfte im Gegenangriff ins Meer zu werfen. So konnten die US-Marines den Nordteil der Insel bei geringer Gegenwehr bald besetzen, während das XXIV. Korps sich an den japanischen Bergstellungen festbiß und kaum vorankam.

Am Nachmittag des 6. April 1945 begann der japanische Gegenangriff gegen die US-Flotte vor Okinawa. Von der Inland-See liefen das Schlachtschiff *Yamato,* der Kreuzer *Yahagi* und 8 Zerstörer aus, und von Kyuschu und Formosa starteten 344 Bomber und 355 Kamikaze-Flugzeuge zum Angriff auf die Landungsflotte der Amerikaner, die von „Radar-Pickets", Frühwarnschiffen, meist Zerstörern, umgeben war. Obwohl Jäger und Flak einen Teil der japanischen Flugzeuge abschossen, wurden 9 amerikanische Zerstörer und 8 andere Schiffe so schwer getroffen, daß sie sanken oder für den Rest des Krieges ausfielen, 6 weitere Schiffe, darunter der Träger *Hancock,* wurden beschädigt. 484 amerikanische Seeleute fielen, 582 wurden verwundet. Inzwischen hatte ein U-Boot der Amerikaner vor der Bungo-Straße die *Yamato*-Gruppe erfaßt.

Am Morgen des 7. April meldeten die Aufklärer der „Task Force 58" den *Yamato*-Verband, der in die Ostchina-See zum Angriff ausholte. Admiral Mitscher ließ von den zwei in Reichweite befindlichen „Task Groups" 280 Flugzeuge starten. Kurz nach Mittag griffen sie in vier Wellen an und trafen die *Yamato* mit 10 Torpedos und 5 Bomben, so daß sie nach zwei Stunden sank. Es sanken auch, von 12 Bomben und 7 Torpedos getroffen, die *Yahagi,* sowie 4 Zerstörer der Japaner. 3665 japanische Seeleute gingen mit ihren Schiffen unter, 209 meist verwundete Schiffbrüchige wurden gerettet. Die Amerikaner verloren 10 Flugzeuge und 12 Mann. Der Plan der Japaner war gescheitert, aber auf Okinawa gingen sie zur hinhaltenden Verteidigung über und flogen weiterhin Kamikaze-Angriffe.

Es sollte bis zum 21. Juni 1945 dauern, ehe die japanischen Verteidiger Okinawas überwunden waren. Rund 131 000 Soldaten und Einwohner verloren dabei ihr Leben, nur 7401 Mann gerieten in Gefangenschaft. Auch auf amerikanischer Seite waren die Verluste schwer: Heer und Marine-Korps beklagten 7213 Tote, darunter auch den Oberbefehlshaber der 10. Armee, General Buckner, und 31 081 Verwundete. Groß waren auch die Verluste der Flotte: 36 Schiffe, von diesen allein 26 durch Kamikaze-Flieger, wurden versenkt, 368 Schiffe erlitten zum Teil schwere Schäden, von denen 164 auf das Konto der japanischen Selbstmordpiloten gingen. 4907 Amerikaner waren an Bord gefallen, 4824 verwundet. Im Bild unten werden Gefallene auf einem durch Kamikaze beschädigten Träger von ihren Kameraden der See übergeben. Solche Verluste ließen Schlimmes für die im November 1945 und März 1946 geplanten Großlandungen in Japan befürchten.

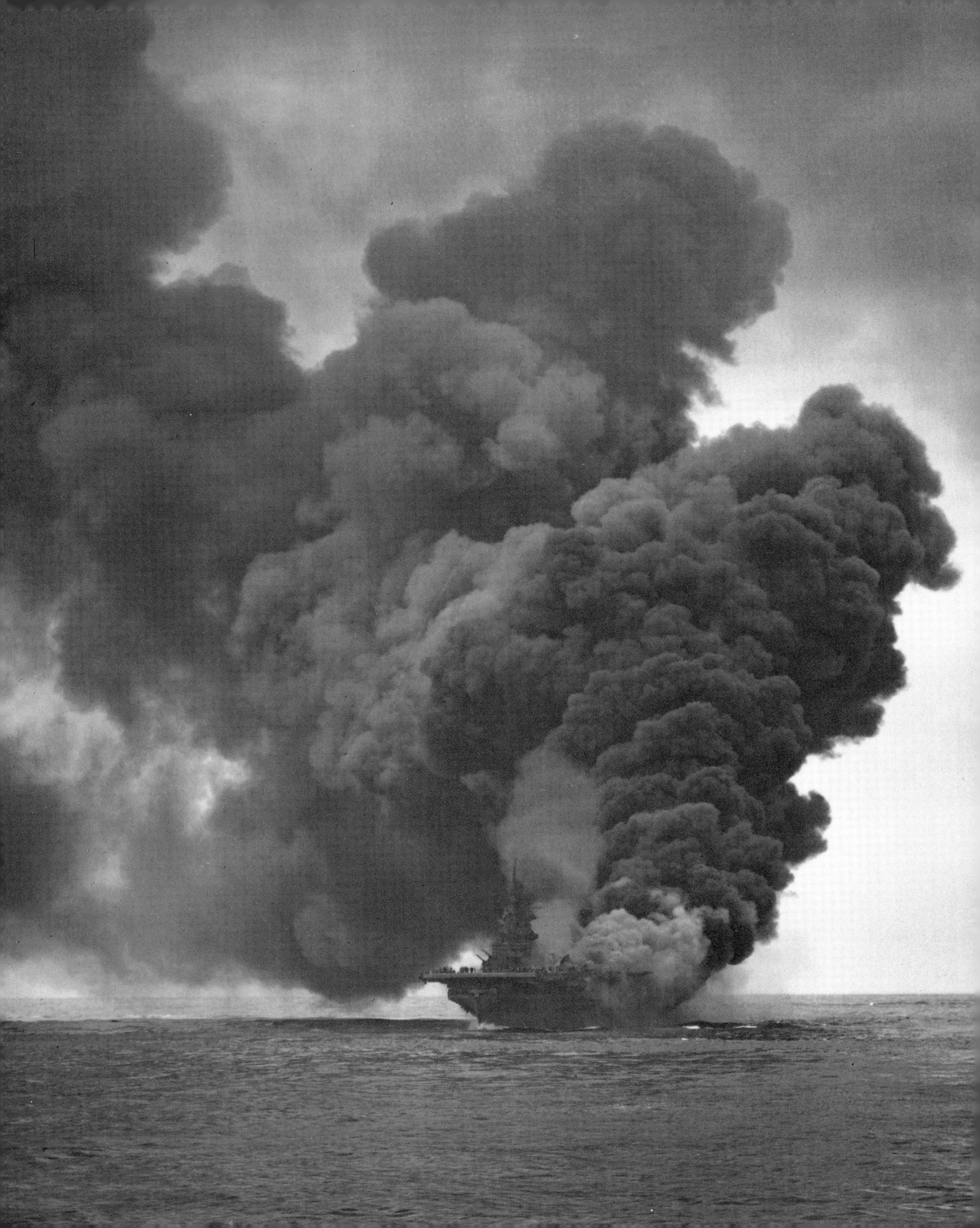

Auf dem Bild links sieht man den am 11. Mai 1945 nach zwei Kamikaze-Angriffen bei Okinawa in Flammen stehenden amerikanischen Träger *Bunker Hill*, das Flaggschiff von Admiral Mitscher. Dabei kamen 396 Mann um, 264 wurden verwundet. Das Schiff wurde eingebracht, fiel aber für den Rest des Krieges aus. Auf dem vom angreifenden amerikanischen Sturzbomber aus aufgenommenen Bild unten explodieren zwei der abgeworfenen Bomben auf dem japanischen Schlachtschiff *Yamato* (siehe Seite 183). Das unterste Bild zeigt einen der letzten amerikanischen Verluste des Krieges: Am 10. Juni wurde der „Picket"-Zerstörer *William D. Porter* von einem Kamikaze knapp verfehlt, dessen Bombe aber unter Wasser detonierte und 62 Mann Schockverletzungen erleiden ließ. Die Besatzung des sinkenden Schiffes wurde jedoch von dem Minensucher *YMS 122* und 4 Landungsbooten vollständig gerettet.

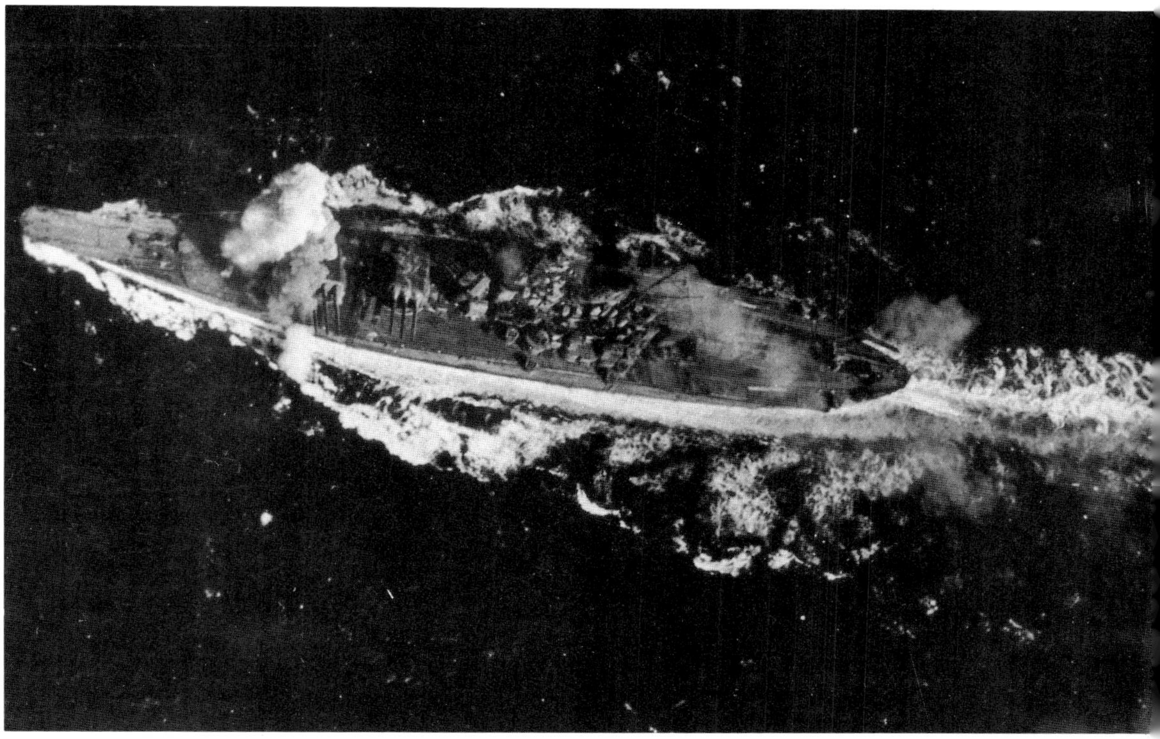

Nach mehr als dreimonatigem ununterbrochenem Einsatz mit ständiger Versorgung in See durch Tanker-Gruppen während der Okinawa-Operation nahm die „Task Force 38“ nach kurzer Pause am 10. Juli 1945 ihre Angriffe gegen Japan wieder auf. Tokio am 10., Hokkaido am 14. und 15., wieder Tokio am 18. und die Basen der Inland-See am 24., 25. und 28. Juli waren die Ziele. Auf dem Bild oben wird der japanische Schwere Kreuzer *Tone* am 24. Juli vor Kure von amerikanischen Bomben eingedeckt. Es folgten neue Angriffe gegen Tokio-Nagoya am 30. Juli, Hokkaido und Nord-Honschu am 9. und 10. und nochmals auf Tokio am 13. und 15. August. Schlachtschiffe und Kreuzer der Amerikaner beschossen die Küste.

Entsprechend den nach dem Kriegsende in Europa auf der Potsdamer Konferenz im Juli 1945 von den Siegermächten getroffenen Vereinbarungen erklärte die Sowjetunion am 8. August Japan den Krieg. Während die sowjetische 25. Armee nach Korea vordrang, führte die sowjetische Pazifik-Flotte eine Reihe von Landungen in Häfen der Nordostküste Koreas im Rücken der japanischen Front durch. Auf dem Bild unten sind sowjetische Marine-Infanteristen am 14. August zur Landung in Seischin unterwegs. Gleichzeitig führten Einheiten der sowjetischen Nordpazifischen Flottille, wie das Bild ganz unten zeigt, mit Landungsschiffen amphibische Operationen auf den japanischen Kurilen-Inseln durch, die bis zum 2. September besetzt wurden.

Dabei wurden die noch schwimmenden japanischen Kriegsschiffe zerstört oder auf Grund gesetzt, die Flugplätze der Kamikaze-Flieger bombardiert und Landanlagen unter Feuer genommen.

Es ist in den letzten Jahrzehnten viel darüber diskutiert worden, ob Japan auch ohne die beiden Atombomben-Abwürfe auf Hiroschima und Nagasaki kapituliert hätte. Es kann keine Frage sein, daß Japan Ende Juli 1945 keine Möglichkeit mehr hatte, den Krieg zu einem für sich günstigen Ende zu bringen. Die Verluste an Transport-Schiffsraum, vor allem durch den amerikanischen U-Boot-Krieg, und die absolute alliierte Seeherrschaft außerhalb des unmittelbaren japanischen Küstenvorfeldes hatten Japan von den Rohstoff- und Ölzufuhren abgeschnitten, ohne die seine Industrie nicht mehr lange produzieren konnte. Diese Industrie lag zudem unter dem ständig zunehmenden Bombardement der *B-29*-Bomber der 20. Luftflotte von den Marianen und der alliierten Trägerflugzeuge, gegen die es kaum noch eine Abwehr gab.

Einsichtige Kreise in Japan hatten das erkannt und suchten durch sowjetische Vermittlung einen Ausweg, der wenigstens die Stellung des Kaisers unangetastet ließ. Diese Bemühungen stießen jedoch auf den entschiedenen Widerstand der Armee, die in ihrem in Japan, Korea und der Mandschurei stationierten Kern noch kaum angeschlagen war, und ihrer Führung, aber auch des Flottenchefs, die um der Ehre Japans willen eine Fortsetzung des Kampfes forderten. Da die Sowjets auf vorsichtige Avancen der Japaner nicht eingingen, blieb die Entscheidung in der Schwebe. Die amerikanische Regierung und die Stabschefs standen – eingedenk der bitteren Erfahrungen von Okinawa – vor der Entscheidung, ob man den Krieg mit den verheerenden Brandbombenangriffen auf japanische Städte und schließlich den bei den geplanten Angriffslandungen auf beiden Seiten zu erwartenden schweren Verlusten fortsetzen oder mit ein oder zwei massiven Schlägen der neuen, noch unerprobten Waffe ein schnelles Ende herbeiführen sollte.

Als die Test-Detonation am 16. Juli das Funktionieren der Atombombe in Aussicht stellte, entschloß Präsident Truman sich, die Bombe einzusetzen, wenn Japan nicht

umgehend auf die Bedingungen der „Potsdamer Deklaration“ vom 26. Juli einging, welche die bedingungslose Kapitulation forderte, aber die Stellung des Kaisers nicht direkt erwähnte. Heftige Auseinandersetzungen in der japanischen Führungsspitze ohne klare Entscheidung folgten. Als bis zum 2. August keine eindeutige Antwort eingegangen war, gab Präsident Truman, auf der Rückfahrt von Potsdam an Bord des Kreuzers *Augusta,* den Befehl zum Einsatz der Bombe. In der Nacht zum 6. August 1945 startete von der Marianen-Insel Tinian die *B 29 Enola Gay* und warf die Atombombe auf die Stadt Hiroschima. Der Angriff kostete, einschließlich der an den Folgen des radioaktiven Fallouts Verstorbenen, eine Viertelmillion Menschen das Leben.

Nun überschlugen sich die Ereignisse. Nachdem der japanische Lordsiegelbewahrer Marquis Kido auf Weisung des Kaisers am Morgen des 9. August eine Sitzung des „Rates für die Leitung des Krieges“ einberufen hatte, bei der die Auswirkung der Bombe auf Hiroschima und die erfolgte sowjetische Kriegserklärung diskutiert werden sollten, traf die Nachricht vom Abwurf der zweiten Atombombe auf Nagasaki ein. Nach sieben Stunden fruchtloser Diskussion wurde der Kaiser selbst um seine Entscheidung gebeten. Er ordnete die Annahme der Potsdamer Deklaration an und damit Japans Kapitulation.

Nach Notenwechseln über die Schweiz trat die Waffenruhe am 15. August in Kraft, nachdem der Kaiser selbst in einer Rundfunkansprache – ein bisher unerhörter Vorgang – seine Entscheidung bekannt gegeben hatte.

Am 28. August landete die amerikanische 11. Luftlande-Division auf dem Atsugi-Flugplatz bei Tokio, und eine Marine-Landungsabteilung ging in Yokosuka an Land. Am gleichen Tag lief das Flaggschiff der 3. US-Flotte, das Schlachtschiff *Missouri,* in die Sagami-Bucht vor Tokio ein, gefolgt von Hunderten amerikanischen und Commonwealth-Schiffen. Auf dem Bild oben liegt die *Missouri* im Angesicht des heiligen Berges Fujijama vor Anker. Das Bild links zeigt die Unterzeichnung der japanischen Kapitulation vor General MacArthur am 2. September 1945 an Bord der *Missouri.*

Register

Das Register nennt die Namen der im Text erwähnten Schiffe und Personen. Schiffsnamen sind *kursiv* gesetzt; erscheint ein Name mehrfach, handelt es sich um verschiedene Schiffe. Ferner sind die Flugzeugtypen, Operationen, Werften, technischen Geräte und bestimmte Fachausdrücke verzeichnet. Die Geleitzüge sind unter dem Stichwort „Konvois" zusammengefaßt.

Inhalt